こころを晴らす55のヒント

臨床心理学者が考える悩みの解消・ストレス対処・気分転換

竹田伸也・岩宮恵子・金子周平・
竹森元彦・久持　修・進藤貴子 著

tomi shobo
遠見書房

まえがき

最近、なんとなく生きづらい。そんな風に思うことはありませんか。失敗すると、これでもかというほど周りから叩かれる。自分の率直な意見を述べると、炎上する（もちろん、悪意をもって誰かを傷つける発言は論外ですが）。助けてと言いたいけれど、みんなも余裕がなさそうなので我慢する。これらに共通しているのは、人間本来の持つ「不完全さ」や「弱さ」を現すことへの徹底した不寛容です。誰もが当たり前に不完全なのに、その不完全さを差し引いて世間に向き合わなければならないとすれば、そりゃ生きづらいはずです。

そうした生きづらさを和らげて、少しでも心穏やかに暮らしていくにはどうすればよいのでしょう。僕もカウンセラーの端くれですので、それなりに考えてみたり実践してみたりします。でも、誰にでも効くヒントは、残念ながら見つかりません。

そこで、ふと思ったのです。「生きづらさを無くそうとするから、よりつらくなるのではないか」と。生きづらさを簡単に解消することができたとすれば、それは始めから大した問題ではないのかもしれません。生きづらさは、決して個人的な理由だけで生まれるものではありません。なのに、それを自分ひとりで無くそうとすること自体、自分に無理を強いることになって余計に苦しくなるんじゃないでしょうか。だとすれば、自分で生きづらさに対処するための一番のヒントは、生きづらさとなんとか折り合いをつけながら暮らすことだと言えそうです。

でも、あなたはこんな風に思いませんか。「生きづらさとなんとか折り合いをつけながら暮らすって、どうすりゃいいいんだよ」と。そのために、「こんなこととしてみたら、無理せず生きづらさと折り合いをつけられるかも」という話が詰まった本。それだけでなく、「心が晴れる」ことまで貪欲にねらっている本。それが、本書なのです。

改めまして、本書を手に取ってくださりありがとうございます。この本は、心理学を生業にする六人が紡いだエッセイ集です。どのエッセイも、『心が晴れる』ために、こんなことしてもアリなんじゃないか」というテーマを扱っています。ですが、それぞれのエッセイはまったく違った内容であり、趣きも異なります。食べ物屋で注文する料理の種類によって、味は異なります。ましてや、調理する料理人によっても、同じ料理でも味はまったく違ってくる。この本は、六人の「心の料理人」が、いろいろな心の料理を独自の味付けでお届けするエッセイ集です。

この本は、長年親交を深めてくれている遠見書房の山内俊介さんからのお話が、出版の糸口となりました。彼の話の要旨は、次のような感じだったかと思います。

長年温めていた企画があります。心が晴れるために、何人かの書き手が自分の拠って立つ心理学を通してエッセイを紡ぐ。それが五〇を超えれば、どんなにつらい人でも、そのうち二つや三つは自分のものにしてくれるのではないでしょうか。そのうえ、ふつうの読者が思っているであろう常識が、多少でも変わると嬉しいと思います。「愚痴や人の悪口は言わない。そのほうが幸福になれる」という言説があります。それはその通り間違いないと思うのですが、常識が書いてある本ほど面白くないものはありません。実際、愚痴や悪口、言うとスッキリします。きっと心理学的な効果もあるでしょう。だからたぶん、悪口を言う言わないの問題ではなく、そのネガティブな行為を、どう別の何かに結びつけるのか、というのが問題なのではないかと思います。これは一例ですが、読者のモノの見方を広げられるようなアイデアがあると面白いかと思います。

山内さんの企画を形にするために、僕はいろんな立場の人に書いてもらおうと考えました。心理学の中でも、人の心の問題に対応する領域を「臨床心理学」といいます。臨床心理学と一口にいっても、いろいろな立場があります。これは、至極当然のことです。人の心は複雑で、とても一つの理論だけで説明することは不可能だからです。とはいえ、学界内では「こっちが一番や」「いや、こっちだ」という学問的対立もあります。これも、学問が建設的に発展するうえで必要なことです。

ですが、この本では学問的発展なんて関係ありません。読んでくださる人の心が少しでも晴れることが目的なのですから。だとしたら、さまざまな立場の書き手が、自分の拠って立つ心理学を足場にしていろんなエッセイを紡ぐと、きっとそれは山内さんの言うように、どれかが誰かの心のフックにひっかかるはず。そんな気持ちから、僕は五人の方々に声をかけました。いずれも、心理学の世界でとても大切な働きをされている方々ばかりです。

できあがったそれぞれの原稿を読んでみて、「この五人にお願いしてよかった」と、僕は心から思いました。どれも、「生きづらさと折り合いをつける」ヒントが詰まっているばかりではなく、とってもおもしろいのです。そのおもしろさを、あなたにも存分に味わっていただきたいと思います。「本は最初のページから読むもの」という常識にとらわれず、目次をみて気になったところから、目を閉じて適当に開いたページから、どんな読み方でも結構ですので、これまでと違った読み方を楽しんでください。それこそ、この本の楽しみ方としてピッタリな気がします。

僭越ながら執筆者を代表して　竹田伸也

凡　例

この本では，55 のヒントを以下の 11 のテーマに分けて掲載をしています。「二人の関係・家族の関係」「仕事のヒント」「人生の彩り・趣味の輝き」「自分の常識を変える」「子育てと親育て」「やばいとき」「からだの具合」「リラックスのために」「日々の生活のヒント」「人と人との関係」「老い・死・終」。

これらを縦軸に，それぞれのコラムの副次的な，あるいは潜在的なキーワードを抽出し，14 のタグにしました。これが横軸となります。

※タグの例→ コミュニケーション

タグの説明

コミュニケーション：自分を表現したり受け取ったりするやりとりを通して生まれる課題や，逆にそれを用いることにこころを晴らすヒントがあるもの

カウンセリング：カウンセリングで扱われることの多いテーマにかかわるこころを晴らすヒントがあるもの

リラクセーション：動作やイメージ，気晴らしなどのリラクセーションで，こころを晴らすヒントがあるもの

ワークライフバランス：仕事と生活の割合から生まれる課題や，それを調和させて良い循環を起こすことでこころを晴らすヒントがあるもの

心理的柔軟性：窮屈な考えやこだわりを緩め，物事をさまざまな視点からとらえることで，こころを晴らすヒントがあるもの

行動レパートリー：料理のレパートリーが広がると食生活が豊かになるように，行動のレパートリーを広げてこころを晴らすヒントがあるもの

内的世界への気づき：人々の多様なこころ，さまざまな想いや気持ちを理解することで，こころを晴らすヒントがあるもの

思春期・青年期：10 代と 20 代の人々によくある課題と，その世代にそったこころを晴らすヒントがあるもの

成人期・中年期：30 代から 50 代の人々によくある課題と，その世代にそったこころを晴らすヒントがあるもの

老年期：老いを自覚することに伴う戸惑いや課題と，その世代にそったこころを晴らすヒントがあるもの

慢性的ストレス：長く続く苦悩や生きづらさにかかわることに対し，こころを晴らすヒントがあるもの

急性的ストレス：事件や事故，いさかいなど突然，生じた苦しみやつらさにかかわることに対し，こころを晴らすヒントがあるもの

哲学的対応：物事の本質を自分なりに考えることで，こころを晴らすヒントがあるもの

コーピングスキル：コーピング（対処）スキル（技術）。具体的な対処法を実践してみることで，こころを晴らすヒントがあるもの

もくじ

もくじ

二人の関係・家族の関係

❶よくある夫婦のすれ違い
——許してほしい？　わかってほしい？

コミュニケーション
急性的ストレス
コーピングスキル

ある夫婦の会話です。夫が、家族で予定を入れていた日に誤って仕事を入れてしまいました。
妻「ちょっと、前からこの日は空けておいてねって言ってたじゃない。なんで仕事を入れちゃうのよ！」
夫「いやあ、お客さんの都合もあって、どうしてもこの日しかダメだったんだよ」
妻「えっ？　それって、家族の予定が入ってたことをわかってて仕事を入れたってこと？　信じられない」
夫「いや、そういうわけじゃないんだ」
妻「何？　どういうこと？　家族の予定は忘れてたの？　覚えてたの？　どっち？」
夫「…………」
妻「(語気を荒げて) 何、黙ってるのよ！　どっちかしかないんだから、答えられないわけないでしょ！
もう、仕事をキャンセルしてよね、今から」
夫「それは無理だよ」
妻「無理って、こっちが無理よ。どうするのよ。もうお店の予約だってとってるんだし、こっちだってキャンセルできません。それに、こっちの予定の方が先に入ってたんだからね。それにあなた、悪いと思ってるの？」

夫「思ってるよ」

（しばしの沈黙）

妻「何それ、悪いと思ってないじゃない。謝りもしないし」

夫「ごめん」

この後の展開はご想像の通り、夫は妻に許してもらえるはずもなく、しばらく妻の怒りは収まりませんでした。結果、夫も妻も最悪の気分でこの日を終えることとなるのです。

このやりとりを客観的に見てみると、「もう少し早い段階で謝っておけば良かったのに」と思わずにはいられません。夫は、何とか許してほしいと思い、事情を説明することで許してもらおうとしているのですが、結果は逆効果。ますます妻の怒りの炎に油を注いでしまいます。

このように、

事情を説明する↓相手に「仕方なかったのだ」と理解してもらう↓許してもらえる

という筋書きを思い描いているのかもしれませんが、許してもらうためには事情を説明することよりも謝ることの方が重要なのです。

ちょっと余談になりますが、「謝った方が良いというのは重々わかっているのだけど、謝れない」という人もいます。そのような方は、謝る言葉が自分の身についていない場合があります。接客のアルバイトなどをすると、「いらっしゃいませ」「かしこまりました」など挨拶の発声練習を訓練しますよね。あの訓練には普段使い慣れていない言葉を自分の身につけるための訓練でもあるのです。ですから、あまり人に謝ることをしてこなかった場合、謝る言葉が身についていないために「謝ればよいのはわかっているのに謝ることができない」ということが生じるのです。わかっていても謝ることができない人は、是非、「ごめん」「申し訳ございませんでした」「悪かったねえ」など色んなレパートリーで謝る言葉を発声練習して、身につけてください。

次に、また別の夫婦の会話です。大きな買い物をすることになり、貯金の残高を調べてみたところ、予想していたよりはるかに少ないことがわかり、調べてみると妻がお金を使い込んでいたことが発覚しました。

夫「いったい何に使ったんだよ?」
妻「ごめん。友達と食事に行ったりして」
夫「はあ? 友達と食事に行ってこんなにも使ったたっていうの? なんで? どこに行ったんだ?」
妻「ちょっと高級なランチのコースに数回……。ごめんなさい」
夫「一回いくらくらいするところに行ったの?」
妻「一万円した時もあったかな。でもね……」
夫「(妻が話し終わる前に)まあ、ともかくあんまりお金を無駄遣いしないでくれ」
妻「はい。ごめんなさい。でも……」

コミュニケーション
急性的ストレス
コーピングスキル

夫「なに？　まだなんかあるの!?（少し声を荒げて）」
妻「うん、なんでそんなに高いところに行ったのかって、友達が遠くから来てくれたものだから、せっかくなのでおいしいところに連れて行ってあげたいなあと思って」
夫「だから？」
妻「………」
夫は妻の言っていることが理解できず、妻は夫に理解されないモヤモヤを抱えて、お互い気まずい雰囲気になってしまいます。
ここで起きていることは何かというと、妻は「許してほしい」のではなく「わかってほしい」のです。先の例と逆です。夫からすると、ある程度話をして、「この件はこれで終わり」と落着しかかっている時に、妻の方から話を蒸し返してくることが理解できず苛立ってしまいます。一方、妻の方は、わかってほしいのに夫が話を聞いてくれず、ただ今回は自分が悪いことをしたので強く言うこともできずに悶々としています。
このような時には「〇分間（五～一〇分程度）黙って話を聞く時間」を作ってみると良いですよ。お互いの協力が必要なのですが、多くの夫婦で効果が確かめられています。ルールは以下の通りです。

〇分間（五～一〇分程度）黙って話を聞く時間
・時間内はどちらか一方が話し、片方の人は聞き役に徹する
・聞き役に徹する方は、時間内、質問やコメントはせずに黙って（あいづちは打ちます）聞く

コミュニケーション
急性的ストレス
コーピングスキル

・話をする方も相手にコメントを求めない
・時間になったら終わりにする（聞きに徹する人がタイムキーパーをするとよい）
・終わったら日常の生活に戻る（話を蒸し返したり、続きを話したりしない）

この夫婦が実践したらどうなるかというと、夫は、「時間を計って話を聞けばよい」と割り切ることができます。妻は、最後まで話を聞いてもらうことができます。ただ、妻は話し終わった後に、夫のコメントを求めたくなるかもしれませんが、仮に夫にコメントを求めたとしても「でもお金を使いすぎだよね」といったコメントが返ってくることが容易に予想されます。夫の立場からは当然のコメントでもあるわけです。それぞれの立場があって（夫は「お金を使いすぎだ」と不満を感じていて、妻は「お金を使った事情をわかってほしい」と思っている）会話を続けてもすれ違い続けるだけですので、何かしらそのすれ違いを防ぐような工夫が必要なのです。それが右記の方法です。

この方法は、「とにかくわかってほしい」という場合は（相手の協力は必要ですが）さまざまな場面で役に立ちますので、どうぞ試してみて下さい。

（久持　修）

❷ 言わなくてもわかるという幻想

ずいぶん昔の話です。しばらくうつ病を患い、お薬の効果がなかなか現れず、僕のカウンセリングを受けにきた男性――太郎さん――がいました。

あるとき、太郎さんは相談室に入るなり、こんな話をしました。「妻は、私のことを全然理解してくれていないんです。仕事に出かけている妻に、自分がどれほど苦しいかをメールで伝えると、『何とかしてあげたいけれど、どうしたらいいかわからない』って返事がきて」と。

僕は、「太郎さんは、奥さんにご自分の苦しさを解決してほしいと望んでいるのですか？」と尋ねてみました。すると太郎さんは、「そこまで望んでいません。私はただ、自分の気持ちを受け止めてほしいだけなんです」と答えました。

太郎さんは、こんなことも言いました。「朝も話しかけてほしいのに、妻はマイペースにテレビを観て過ごしているんです」と。僕は、「朝、話しかけてほしい」という気持ちを妻に伝えているのかと尋ねたところ、太郎さんは「伝えていない」と答えました。

きっと、こんなコミュニケーションをしてしまったせいで、「わかってもらえない」と嘆いている人は、案

コミュニケーション

慢性的ストレス

哲学的対応

外多いのではないかと思うんです。日本語には「以心伝心」や「忖度《そんたく》」という言葉があります。相手の顔色や空気を読むという文化があります。そのため、「言わなくてもわかるはず」と思う人って、意外と多いんです。

なので、相手が自分の期待と逸れたことをすると、「なんでわかってくれないの」ってなことになる。だけど、これって本当にそうなんでしょうか。

僕は、心理学者として、一つだけ自信を持って言えることがあります（一つしかないのかよという突っ込みは置いといて）。それは、他人の考えていることを読むなんて不可能だということです。「言わなくてもわかるはず」は、幻想です。

人には、人それぞれに持ち場があります。人間関係の悩みを理解するとき、この「持ち場」という考え方を使うとスッキリします。今回の話を、「持ち場」を通して整理してみましょう。

自分がどういう気持ちなのかを相手に伝えるのは、誰の持ち場でしょうか。もちろん、それは「自分の持ち場」です。自分の気持ちを相手に伝えずに、相手が期待通りに動いてくれないのを責める。これは、本来自分の持ち場の話なのに、相手にそれを求めているということで、ちょっと酷な話です。どれくらい酷な話かというと、『ドラえもん』に登場するジャイアンが、自分がおしっこに行きたくなったら、代わりに近くにいるスネ夫に「俺の代わりに行って来い」と命じるほど。「それ、僕に責任がないですやん」という話なんです。

冒頭の太郎さんの話に戻りましょう。奥さんが、朝方太郎さんに声をかけずにテレビを観て過ごしていたのは、もしかすると「つらそうにしている夫を見て、声をかけずに朝はのんびりさせてあげたい」という彼女なりの気遣いだったかもしれません。はっきりしているのは、太郎さんの意図がわからなかった奥さんにしてみれば、太郎さんの期待に応じた振る舞いができなくて当然だということ。

もし、太郎さんの奥さんが「ただ自分の気持ちを受け止めてほしいだけ」という夫の意図を理解していれば、太郎さんの「苦しいメール」に対して、「どれほど苦しいかというあなたの気持ちを受け止めたよ」と返せたかもしれません。「朝、話しかけてほしい」という太郎さんの気持ちを知っていれば、それとなく話しかけてくれたかもしれません。つまり、太郎さんにはまず、「自分の気持ちを妻に伝える」というアクションが求められたのです。

これって、「自分の持ち場に責任を持つ」ということです。だけど、自分の気持ちを相手に伝えるのを躊躇してしまうことも、きっとあるでしょう。「こんなこと言うと、相手は嫌な気持ちにならないかな」なんて気にすると、自分の気持ちを伝えるのもかなり勇気がいりますね。でも、あなたの言葉を聞いて相手が何を思うかは、相手の持ち場の話です。

言わなくても心が通じ合うというのは、素敵なことです。幼い頃、うまく言葉にできない欲求や葛藤を、近くにいる（母）親は「お腹が空いたのかな」とか「一人で寂しいのかな」と察しようと努め、おっぱいを与えてくれたり、優しく抱きしめてくれたりした。僕たちの「今」は、そうやって顔色を読んで察してくれようとした親（的な人）の態度によって、支えられ成長した結果でもあります。そのことを素直に感謝しつつ、自分の意思を伝える力を得た今、「自分の持ち場に責任を持つ」という生き方を洗練させてよいのかもしれません。

（竹田伸也）

3 愛されるということ

「私のことを好きになってくれる人はいません」――そう寂しそうに言われる人があります。あなたもそんな気分になったことがあるでしょうか。

誰かを好きになることはあるけれど、気づいたら相手の人はいつも自分以外の人に惹かれている。恋愛を遠ざけているつもりはないのに、自分はカップルではない。中島みゆきさんの「ひとり上手」の歌詞のようです。愛は、なぜかしら与えられるか、またはなぜかしらあなたのところに（今のところ）来ないか、そのどちらかであって、どちらになるかは誰にもわかりません。

また、結婚が愛を保証するものではないことも、誰もが気づいている事実でしょう。全年代では二〇〇組に一組の夫婦が離婚の道を選んでおり、三〇代未満では二〇～五〇組に一組は離婚に至っています（国立社会保障・人口問題研究所「人口統計資料集」二〇一八年、生命保険文化センターHP）。「いつまでも夫に愛される方法」「愛される女性になる方法」「モテる男性の5つの特徴」などのハウツーはあれども、努力がすんなりと報われるものでもありません。むしろ「胸くそが悪くなるような人が素晴らしい人を射止めている」（『グロリアと3人のセラピスト』というフィルムの中での論理療法の創始者アルバート・エリスのせりふ）ことだってあります。

愛されるための方法は、あるようで、ありません。愛は「勝ち取る」というようなものではなく、自分を磨けば思うとおりになるわけではなく、ましてや、懇願して得られるものでもありません。そう考えると、愛を得るとは、「棚からぼた餅」のようなものではないでしょうか。誰かから好いてもらえる、可愛がってもらえる、大事に接してもらえる、それもこれも棚ぼたの恩恵を受けていると思えば、欲張っても意味はなく、いただいたものを嬉しく味わうのが最も適したあり方のように思えます。つまりは、きわめて受動的な性質です。

では、愛するほうはどうか。

傾倒すること執着すること、何かが欲しいと思うこと、何かを良いと感じることは、その対象となるものの大いなる魅力になぜかしら自分が刺激され、直感的に、自然とわきあがってくるもので、これも努力しておこなうようなことではないと思えます。好きなものを努力して嫌いになることは難しく、嫌いなものを努力して好きになることもたいへん困難です。

しかし、『愛するということ』の著者エーリッヒ・フロムは言います。愛すること、愛し続けることは技術である、と。そして、愛に「落ちる」のは一瞬ですが、愛に「とどまっている」ことは、配慮、責任、尊敬、知を伴う能動的性質をもつとしています。嫌いなものを好きになることはできなくても、傷つけ合うことなく共存すること（距離を取ること）は可能です。お互いに自制心があれば、嫌いなまま協力し合うことも可能かもしれません。つまり愛することは、成熟と習練によって可能になる、意志ある能力です。

エリック・ホーンブルガー・エリクソンは、生まれたばかりの赤ちゃんから老いて死を目前にするまで、人は一生成長し続けるとして、人生を8つの段階に分けました（後に、人生の最終相である第9段階が加わりました)。そして、それぞれの段階に特有の心理的な葛藤(発達課題)があり、それらを乗り越えると、人としての強さが以下の項に一つずつ備わるとしています。希望、意志、目的、適格感、忠誠、愛、世話。これら7つの果実を実らせる途上で味わう勝利や敗北は、人生の避けがたい経験であり、そうしてきた人が人生終盤の第8段階に英知を得るといいます。

このうち「愛」は成人期に育ちます。それは青年期の自分探しの葛藤を経て、「自分とは何者であるか」(アイデンティティ)を感得した後に芽生えます。他者と打ち解け協力し、時には異なる意見を交わし、緊迫感に耐え、妥協もし、安定して親和的に関わることができるようになると同時に、自分の足で立つしかない真の孤独も知ることになり、愛する能力をたくわえるのです。

では再度、「愛される」能力は(それが能力なら)、どうやって習練することができるのでしょうか。とりわけ、(恋愛、友情、就活などで)特定の一人として選んでもらうには？　やはり答えはありません。ただ、愛されているというきらめきの断片を感じ取る練習はできます。それがいつしか、愛され体質をつくってくれることが期待できます。

愛されている実感を、私たちに思いがけず与えてくれるもの、そのひとつは小さな者です。赤ちゃんが少し大きくなると、抱き上げた時に、小さな手をきゅっと大人の首にまわしてきます(そうしない子どももいます)。ある人の甥子さん(二歳)は、そばに行くと両手を広げて待っているそうです。抱っこしてもらえることを少しも疑わず微笑んで見上げているので、やっぱり抱っこしてしまう、と目を細めておられました。これらの無垢な信頼は、幼子が大人にくれる愛ではないでしょうか。

わが家にはネコが居ます。時にひっかかれてしまいますが、基本的には私のことが大好きです。ふと気づくとそばに居て、私のことをじいっと、いや、うっとりと見つめています。じっと見ていたかと思うと、手や足をパクっとかじってきます。なぜこのネコは私のことが好きなのか。私が餌や水をあげているからだと人は言います。確かにそれはあるかもしれませんが、その積み重ね以上に、好きでいてもらえると感じる瞬間があります。悲しいことがあり涙がこぼれると、やってきて、小さな舌でなめてくれていることさえあります（そういうネコは多いそうです）。

小さき者は、こうした深い優しさを与えてくれるようです。小さい存在に心ひらいてみてはいかがでしょうか。そして、思いがけない優しさは、大人の世界にも見つけることができる、と筆者は思います。

「男は家から一歩出ると七人の敵がいる（一方で女は家をしっかり守って待たなくてはならない）」、と昔の人はよく言いました。性役割が変化した現代では古臭く感じられる言葉ですが、男に限らず、何事かを成そうとすると、「七人の敵」というぐらいのいろいろな障壁にぶつかるものかもしれません。この言葉には続きがあるよ、そう教えてくれた人がありました。「……七人の敵がいる。しかし、八人の味方がいる」と続くそうです。あなたの近くにも目立たない味方がいるでしょうか。

「捨てる神あれば拾う神あり」。先生、また言いましたね、と相談に来る方からは言われます。ほかにも、「案ずるより産むが易し、てこともあります」。これも、「前にも言われた」と笑われています。

心理相談の中で、たびたび、私が感じていることのようです。

捨てる紙あれば拾う紙あり、と思っている若者もあるので要注意。

（進藤貴子）

コミュニケーション

慢性的ストレス

哲学的対応

❹不機嫌のなかにある秘密

すぐるくんが小1のときのことです。お母さんが夕食に呼ぶと口の周りにチョコをつけていました。「チョコを食べたでしょう」とお母さんが指摘すると、「食べてないよ」と目を泳がせました。「うそおっしゃい。口の周りについているじゃない」と指でチョコを拭って目の前に出すと、「えへへ。ごめんなさい」と笑いました。こういうやりとりは、どの家でもあることだと思います。微笑ましいエピソードとして家族の記憶に残ることもあるのではないでしょうか。この小1のすぐるくんがついたような「うそ」は、ごくシンプルな「子どもの意識」での「うそ」ですよね。自分のしたことをごまかそうとしてとっさについたものです。

ところが「うそ」にもさまざまな段階があります。表面的にはほとんど同じように見えていても、子どもの成長のプロセスのなかでその裏にある流れがまったく違ってくることもあるんです。

やがてすぐるくんは中学生になりました。そしてある日、小学生のときとまったく同じパターンで、夕食前にチョコを口の横につけているのをお母さんが発見しました。そして「夕飯前なのに、チョコ食べたでしょう！」とお母さんが指摘したところ、彼は「食べてない」と不機嫌な声を出しました。すぐに認めたら、スルーしようかと思っていたお母さんも、彼の反抗的な声に反応して、「食べたでしょう！」ときつめの声で重ねて言いました。すると彼も「食べてないわ！」と声を張ってきます。「どうしてそんなうそをつくの！」とお母さんの声もイラついてくると、「うるせー！」とすぐるくんはドアを大きな音で閉めてリビングから出ていきました。「いったい何ごとなの？」と大声と音に驚いたお祖母さんが出てきたところ、お母さんが「お祖母さんは、黙っててください！」と怒鳴ったことが引き金になり、「何の騒ぎだ」とお祖父さんもやってきて、なんだかんだと家族を巻き込んでのトラブルになってしまったのです。

あー、もう、ほんとうにどうでもいいような些細な出来事が、ものすごく不快な大事になってしまうって、こういう感じで起こってくるんですよね。思春期に差しかかった子が家にいると、こんなふうに家族の感情が波立つことが増えてきます。

実は、小学生のときも今回も、このチョコはお祖母さんが彼に与えたものでした。そしてお母さんは、それを知ったうえですぐるくんに指摘していたのです。お母さんは子育てをきちんとしたいのに、お母さんからすると、お祖母さんはお小遣いやお菓子で子どもを釣ろうとしているように見えて仕方ありませんでした。小学生のときも、あれ、いないなと思ったら、お祖母さんの部屋でお菓子を食べながら両親からは時間制限を受けているゲームをやり続けていることもありました。お祖母さんに、どんなに頼んでも「はいはい、悪うございました。でも、すぐるが好きでくるんだから仕方ないわよ」と取り合ってくれず、お父さんも「別にいいじゃないか。それぐらい」とお母さんの訴えを聞き流すだけだったのです。

すぐるくんは中学生になったころから、幼いころはまったくわからなかった家のなかでの母と祖母との葛藤をヒシヒシと感じるようになっていました。お母さんが自分のために一生懸命だということもわかるけれど、のんきにいろいろなものをくれるお祖母さんと居ると、ほっと気が抜けるのです。でも、そのことがお母さんにとっては不愉快なことだということも幼いころから何となくわかっていました。でも、はっきりと大人たちのこころの機微までわかるわけではないので、幼いころは、何となくふざけたり、おちゃらけたりすることでその妙な緊張感に対応していました。それは子どもなりの気遣いだったのです。

しかし、思春期に入った彼は、もう、そういう家庭内リアクション芸人的な立ち位置をとれなくなってきていたのです。チョコをご飯前に食べたという「秘密」がばれることは、母よりも祖母を優先したという、母に対しての「罪」が明らかになるという意味も含まれてきます。中学生にもなって、口の周りに証拠を残したという自分の痛恨のミスによって、二人がまた険悪になるのは嫌だという想いもあり、すぐるくんは「食べてない」とうそを言ったのです。しかしそのことをきっかけに、余計に家の空気は悪くなってしまったのは、すぐるくんにとって気持ちのやり場がなくなるようなことでした。

このように子どもが思春期に入り、家族の想いを多層的に感じとれるようになったがゆえに家族関係が複雑になっていくことがあります。家庭の緊張を自分がおどけることで緩和させていた感受性の強い子が、家のなかの葛藤のありようをはっきり意識するようになると、道化役は苦しくなります。しかもこのような感じ方をしていることは、誰にも言えない「秘密」なのです。いや、「秘密」という自覚は本人にはないのかもしれないのですが、大きな固まりを胸に違和感として抱えているため、余計に不機嫌で怒りっぽくなってしまうこともあるのです。

もちろん、このようなことだけが不機嫌の理由ではありませんが、思春期の不機嫌の裏側には、いろいろな秘密の物語が潜んでいるのです。

（岩宮恵子）

コミュニケーション

内的世界への気づき

思春期・青年期

仕事のヒント

5 仕事とプライベートの切り替えを工夫する

ワーク
ライフ
バランス

コーピング
スキル

最近、ニュースなどで長時間労働が問題視されているのをよく耳にします。長時間労働は心身の不調につながるからです。特に、残業時間が月に八〇時間を超えていて心身の不調をきたした場合には、会社の安全配慮義務違反となり労災認定されるケースもあります。

さて、あなたの残業時間は月に何時間くらいでしょうか？「私は八〇時間には全然到達していないから問題ない」と思った方も多いでしょうが、実はここに落とし穴があるのです。実際の残業時間が多くなくても、退社してからも仕事のことを延々と考えているような場合は、心身の不調につながってしまう場合があるからです。

例えば、Aさんの会社では、基本的に残業は認められず、職員は定時で退社しているのですが、Aさんは仕事量が多いため、いつも終業間際になってバタバタと片づけて、大慌てで退社しています。退社した後、仕事のことを振り返り、「あ、やばい、あのことで上司に話をするのを忘れていた」とか「あの仕事をやらなきゃいけなかったのに、すっかり忘れていた。どうしよう。締め切りはまだ大丈夫だったと思うのだけど資料がないから会社に行かないとわからない」などと考えてしまいます。このように、家に帰ってからも仕事のことを悶々と考えてしまうような生活が続いていました。そしてついには寝ている時に仕事をしている夢（しかも失敗するような悪夢）を頻繁にみるようになります。その後、仕事の負担感が常に重くのしかかりAさんは体調を崩して会社を休みがちになってしまうのです。

このように、たとえ残業をしていなくても、退社してからも仕事のことを延々と考えている生活が続いてしまうと心身に不調をきたしてしまう恐れがあります。

仕事とプライベートの切り替えチェック

赤信号＝残業が月に80時間以上。

※一日のほとんどの時間を仕事に費やしています。残業時間を減らしましょう。

黄信号＝残業が月に80時間未満だが、家に帰っても仕事のことを考えていることが多い。

※仕事とプライベートの切り替えを工夫するのが効果的です。

青信号＝残業が月に80時間未満で、プライベートでは仕事のことをあまり考えない。

※プライベートに仕事の負担は影響しておらず、このままの生活スタイルで良いでしょう。

それでは、退社してからも仕事のことを延々と考えてしまうような方はどうすれば良いのでしょうか？そのような方は、仕事とプライベートの切り替えがうまくいっていないため、「どうやったら仕事とプライベートを切り替えられるか」を考えていくことが役に立ちます。

❺仕事とプライベートの切り替えを工夫する

ここでは、具体的な方法を紹介していきます。まずは、「終業時間の前に、その日の仕事を整理する時間を作る」ところからスタートしてください。

仕事とプライベートの切り替えが上手でない方の典型例は、終業時間までドタバタと仕事を続け、時間になったら仕方なく退社するというスタイルをとっています。しかし、それでは仕事が終わっても後ろ髪を引かれるような気持ちになりますし、中途半端にしてきた仕事への不安が沸き起こってくることにもつながります。そこで、仕事が忙しい時には大変だとは思いますが、あえて終業時間の15分くらい前で仕事を進めることを止め、仕事を整理する時間を作ることが効果的です。

仕事を整理する時間に行うことについて、以下に7つのステップを紹介します。仕事とプライベートの切り替えが上手くいけば、プライベートが充実し、さらには仕事の能率が上がることも期待できます。どうぞお試しください。

仕事を整理する時間に行うこと

1．その日の仕事を振り返る（成果を噛みしめる）

その日の仕事を振り返り、何ができて何ができなかったのかを確認してみましょう。その際に、その日の成果を噛みしめてみると明日への意欲がわいてきますよ。

2．仕事の全体像を確認する

仕事に没頭していると目の前のことに注意が奪われがちになってしまいます。仕事の全体像や「To Doリスト」などを確認して、見落としなどがないように心がけます。

3．明日の仕事のプランをイメージする

明日の仕事のプランを大雑把にイメージします。細かく計画を立ててしまうと時間がかかりますので、最低限やるべきこととか仕事の優先順位をはっきりさせておく、くらいの作業で十分です。

4．明日出社した時に何から取り掛かるかをメモで残す

「退社したら仕事のことを考えない」のですから、「明日、出社した時点での指針」を残しておくと安心です。例えば、「To Doリスト」を優先度の高い順に並べたものを残しておけば、明日出社した時に、一番上に書いてある仕事から取り掛かれば良いことがわかるので仕事の能率も上がります。

5．机まわりを整頓する（出社した時と同じ状態に戻す）

仕事はその日に一度リセットすることが重要です。たとえ、「明日、朝一番に使う」からと言って、書類などを出しっ放しにしておくことはおすすめできません。机まわりを整頓して、出社した時と同じ状態に戻しましょう。そうすることで、「今日の仕事はここで終わり」と気持ちをリセットすることにもつながるからです。

6．退社時に「明日、出社するまで仕事のことは考えなくても大丈夫」と念じる

これはおまじないみたいなものです。退社後に仕事のことを考えてしまう癖のある方は多くの場合、不安があるからです。このように念じることは不安を払拭する意味で効果があると考えられます。もしくは、「明日出社するまで仕事のことを考えないぞ」と自分の強い意志を言葉にしてみるのも良いと思います。

7．プライベートの時間を（プチ）充実させる

それまで仕事のことを考えることに費やしていた多くの時間を別のことに活用することが可能になります（例えば、ジムに行って身体を鍛えたり、家で本を読んでみたりなど）。この時間をうまく活用できないと、結局気づけば仕事のことを考えていた、ということになりかねませんので、あらかじめ、「浮いた時間をどう使うか」ということは考えておくと良いと思います。

（久持　修）

6 四十代になったら、屋久島に一人旅に出てみませんか？

私は、四十代半ばの時に、屋久島に一人旅をしました。

その頃、私はたくさんの方のカウンセリングを担当し、地域から依頼を受けて、数多くの講演を行って、毎日をとても忙しく過ごしていました。新しい相談者が溢れるように来談されていました。大学の授業や学生の指導など、次から次へと求められる毎日の仕事に翻弄されつつも、充実した日々を過ごしていました。

その頃の私は、カウンセリングの技術を磨けば、たくさんの人の相談に乗ることができる。そうしたら、たくさんの人を助けることができる。そう思って、カウンセリングに明け暮れていました。そんな風ですから、仕事は増えるばかりでした。丁寧な仕事をすればするほど、成果をあげればあげるほど、それに関連する仕事が増えてきました。次第に、私は、仕事に支配されていきました。いわゆる、ワークホリックな（仕事中毒的な）状況になりました。働くことが止められない、止まった途端に何かがはじけてしまいそう。そんな恐怖に似た感じがありました。

ところが、その忙しさに、自分の心がついていかなくなったのです。心が疲弊して、動かなくなってきました。今の生活に限界を感じてきたのです。これまでのがんばり方が役にたたない。まるで、エンジンを吹かしても走らない車のようでした。カウンセラーの直感で、このままではまずいと思いました。何かを考え直さないといけない。その時、なぜか、水と緑の溢れる屋久島に行ってみようと思ったのです。

「行こう」と決めてからは早かったです。私は、いろいろな仕事をキャンセルして、すぐに、屋久島に飛びました。クライエントの相談が予約制であり定期的にあったから、旅に出ることはほとんどなかったのですが、今回は、自分のために、旅をしようと思いました。

高速艇から、屋久島に降り立ちました。一人旅は本当に久しぶりで、新鮮でした。ドキドキしながら、軽自動車をレンタルしました。この軽があれば、どこでも回れる。この島は小さく、車があればすぐに一周できるのです。仕事から離れて、何も背負っていない個人になれました。自由な感じがしました。身の軽さを感じると同時に、これまで、どれほどの重さを背負ってきたのだろうかと思いました。

朝の四時に起きて、宿泊先の女将さんが作ってくださった手作りのお結び弁当をもらいました。夜空には、満天の星空が拡がっていました。こんな美しい夜空は初めてでした。

出発点には、もうすでにたくさんの登山者が登り始めていました。真っ暗であり、懐中電灯が手掛かりでした。その昔、伐採した屋久杉を運んだレールに沿って、黙々と歩き始めました。時々、周辺を見渡すと、次第に日が明けてきました。日差しが木々の隙間から斜めに差し込み、美しく照らしてくれました。それは、自分の未来を示しているようにも感じました。杉の木々は、真っ直ぐにそびえ立ち、歩いても歩いても、永遠に続いているように感じました。五時間程度は歩いて登ることになると聞きましたが、その不安よりも、この先で何に出会うのかという新鮮さと、何とも言えない美しい光景に心が躍りました。

ワーク ライフ バランス

行動 レパートリー

成人期・中年期

慢性的ストレス

途中、〝ヴィルソン株〟という伐採された杉の巨大な株があった。その中に入ってみたら、上を向くと、切り口に日差しがまぶしく降り注いでいます。その切り口はハートのかたちでした。絶え間なく湧き出る清水が輝いていました。清水を手ですくってそのまま喉を潤しました。体のすべてが自然と同化していくような気がしました。

そこから少し行くとレールが途切れました。そこからは、段差のある根っこが折り重なる、険しい山道を歩きました。歩くことをいつからやめていたのだろうと思いました。足が、本当に棒のようになっていくのです。足は疲れたら、動かなくなることを改めて知った。心も同じでしょう。使いすぎると動かなくなります。

休み休み歩きました。知らない道だから、余計に、遠く感じます。ただ、歩くことに集中しました。小さな歩みでも、重なればいつかたどり着くと言い聞かせながら。その瞬間は、仕事を忘れ、ただただ歩いていました。途中で、立派な杉の木を両手で抱きかかえてみたり、長い年月で厚く育った苔の絨毯に驚きながら触れてみました。

三百年の杉が伐採されてそのうえに三百年の杉が育ち、それが折れて、その先に新たな杉が育っているとの説明がありました。今歩いている自分の命の時間など、短いものだと改めて感じました。自然には、人智を超えたもっと大きく、もっと豊かな時間の流れがあるのです。その生命の流れの中で、私たちは生かされているに過ぎないと改めて思いました。

私の疲れ切っていた心が、瑞々しい生命の何かによって浸されているように感じたのです。

登り詰めたその先に、縄文杉の姿が見えてきました。太く、大きく、威厳のあるその様相に自然と涙があふれました。縄文爺さんと呼ばれるその表情に親しみも感じました。この島の全体の全てがつながっていて意志ある表情として現れたような。それを神というのかもしれないという微かな想いが湧きあがりました。

縄文杉と別れてから、下りもきつかった。下り方にはコツがあるのでしょう。下るときに生じる膝への負担は大きく、帰りを急げば膝の痛みが増しました。私の場合、うまく下りの衝動を緩和できずに、両膝が腫れてしまった。出発した山小屋が見えてきたとき、何とか戻ることできて良かった、よくこの体がもったものだと思いました。

その夜の宿では、初めて出会った宿泊の旅行者たちが、同じ目的のために集まった縁と親しみを感じて自己紹介をして、今日の体験を語り合いました。島のお酒が美味く、その雑談をほどよくすすめてくれました。

一人旅は、今自分が背負っている仕事や家庭の役割を置いといて、肩書きのないただの自分になれます。そこで出会った人や自然との出会いは、素直な自分自身との会話なのでしょう。旅では、何も知らないから、好奇心をもって尋ねることができる。何も知らないから、聞くこと見ることが面白い。知らないことは、とても大切なことではないでしょうか。

永遠とも思えた屋久島の自然の中で、がんばりすぎてもどうしようもない程の時間の流れを知り、背伸びをしないで生きるコツを得ることができました。自分自身も生命であり、豊かな自然の一部に過ぎないことを知ることができました。そして、自分自身も「限りある命（生と死）」であることも何となく受け入れることができたように思います。

四十代は、人生の中間地点です。私が経験したように、心の疲れや空虚感などの「中年期の危機」を誰もが経験しがちです。これから訪れる〝人生の下り坂〟に向けてどう生きたらよいのでしょう。生き方を一度リセットすることが必要なのです。屋久島は水と緑の生命溢れる不思議な場所でした。屋久島への一人旅は、あなたに、人生の後半を生きるための、たくさんのヒントを与えてくれると思います。

皆さんも、四十代になったら、屋久島に一人旅に出てみませんか？

（竹森元彦）

7 心の表と裏の気持ちを「語る」こと

私は、四〇歳から五〇歳の男性の方から相談を受けることが多いのです。働き盛りと言われる時期です。家庭では父親として、職場では管理職として、公私ともにたいへん忙しい毎日を過ごされています。私自身が、中年期を迎えて、壮年期と言われる坂道を登ろうとしているからでしょうか、その心情が良く伝わってきます。

ある相談を受けました。浩紀さんの話です。

浩紀さんは、身長は一七〇センチぐらい。細身で、身のこなしも軽やか。穏やかな表情に、社会性を備えた、あたたかい印象を感じます。しかし、その表情には微かな疲れが見えます。カウンセリングルームに入ると、ソファーに身を任せることで、少しだけ、本当の姿が見えます。この方は、日常ではとても有能であり、周囲に気を使いながらも、それなりの実績も積んできているのでしょう。仕事への自信と共に、影のように不安な表情も見えます。

さて、どんなお話になるのでしょうか。

カウンセリングは、そんな気持ちの表も裏のどちらも、丁寧に語ることができる場所です。がんばってきたことも、悲しいことも。悲しいことや言葉にならない感情を言葉にすることはとても苦しい作業です。でもそれを言葉にしないと、自分を失ってしまいます。

まずは、私が、浩紀さんが失ってしまいそうになっている言葉を促します。「今日は、いかがされましたか？　どのようなことでお困りですか？」

浩紀さんは、自分の内に目を向けて語り始めます。

「はい。実は、職場のことで。人間関係がうまくいかないのです」

相談に来られる方の多くは、悩んでいらっしゃる。悲しいとか辛いとかいう言葉でうまく言えないような、もどかしくなるような絶望感がある。その絶望感は、他の人には見えないことが多い。本人でさえ、気が付かないような深い部分に、積み重なり、澱をなしている。その澱は、次第にその人自身の生きている感じを、侵食します。苦しい、疲れた、そういった気持ちになって、気分が落ち込んでいく。

「がんばらないと、と何度も考えました。でも、力がでないのです」

「今の部署で、管理職になって、最初は、無我夢中でした。成果もあげました。五年目を迎えて、夜、眠れなくなってきて」

なぜだか、よくわからない。がんばれない自分がいた。やらないといけないことはわかっている。その部署の、予定がうまくたてれない。時には、得意先との約束を忘れていたり。信頼する上司から、呼び出されて、叱責されたというのです。

「そのことがあって、気持ちが動かないのです」と浩紀さんはおっしゃったのです。

カウンセリング

内的世界への気づき

成人期・中年期

疲れすぎた時には、気持ちが止まってしまう。体を使いすぎた時に、体が動かなくなるのと同じです。それは、心を休ませないといけないよというサインです。休みながら、「なぜ、心が疲れすぎたのかを考えましょう」という立ち止まる時間が必要なのです。

浩紀さんの心の表の気持ちは、元気で、よく働く、気が付き、がんばってきた。どんな坂道があっても、登ってきた。仕事ができて、強く、たくましい、誰よりも優れているという自負。

心の裏の気持ちは、疲れてしまったと嘆いていた。もう自分の限界だと唸った。

心の表の気持ちが、裏の気持ちを、抑え込もうとしました。そんな気持ちがあったら、負けてしまう、動けなくなると、自分自身に叱咤しました。「がんばらないと」という自分への言葉が虚ろに響きました。

カウンセリングでは、心の表の気持ちも裏の気持ちも語れます。その両方の気持ちが、浩紀さんであり、心の裏の気持ちも大切にしてあげることが今必要なのです。

苦しかった、悲しかった。その気持ちを語ること、自分の気持ちをケアすることで、自分の本当の気持ちがわかります。わかってはじめて、自分の身の丈の姿が見えてきます。自分の気持ちとフィットした日々が見えてきます。心の裏の気持ちも、浩紀さんの一部なのです。傷つき、悲鳴を上げています。その声が、身体にでていたのでしょう。

「語る」ことは、バラバラになった自分の両面をつなぐことになるのです。それは〝弱さ〟ではなく、自分を認める〝強さ〟なのです。

そのような雰囲気の中にいたら、もう一度、生き生きした自分と出会うことができます。

カウンセリングとは、自分自身の心の中にある澱を否定することなく、丁寧に取り扱い、その傷ついた心の声を丁寧に聴き取ることなのです。もうがんばらなくてよい、自分の気持ちを大切にすればよい。正直になればよい。

そんな心の声に静かに耳を傾ける時間なのです。

（竹森元彦）

8 「作業」を「仕事」に

銀行に勤務しているふみさんの悩みについて考えてみましょう。彼女は入行以来、ずっと窓口の後方にいて事務を担当しています。窓口の担当者が店頭でお客さまから受け付けた入金、預金、振り込みが回されてくると、それを適切に処理するのが仕事です。処理し終えた書類や通帳を窓口に戻すだけの事務作業を続ける毎日に、彼女はだんだん嫌気がさすようになってきました。

間違いがなくて当たり前で、どんなにきちんとしていても、誰もほめてくれるわけではありません。何せ、できていて当たり前なのですから。そういう気の抜けない緊張感のなかで過ごしていても、自分のしていることが売り上げに結びつくわけでもないというやりがいのなさから、ふみさんの気持ちは少しずつ潤いを無くしていきました。こんな誰でもできるような仕事をするために私は銀行に入ったんじゃないのに……という考えに支配されるようになってきたのです。

いったんそう思い始めると、職場がまるで自分を閉じこめる牢獄のように感じられ、自分ばかりが不当な扱いを受けているような気持ちになってきました。そんなある日、たまたまある文章が目に留まったのです。それは囚人に対して一番ダメージを与えるのは、何も意味を持たない作業を延々とさせることである、とい

心理的柔軟性

内的世界への気づき

哲学的対応

うものでした。囚人たちを毎朝、広場に連れて行き、一日中スコップで穴を掘らせる。そしてその日の終わりに、掘った穴から出た土でまたその穴を埋める。その穴掘りは、井戸を掘るためでもなく、土地を耕すためでもないのです。どんなに汗水たらして穴を掘っても、それは埋めるための穴を掘るだけなのです。これを毎日、延々と続けることで、自分は生きていても何の意味もない駄目な人間なのだと囚人たちは思うようになっていき、これが人間を根本から傷つけることになるのだ、とその文章には書いてありました。

ふみさんは、これこそ今の自分の状況だ！と膝を打ち、「私たちがしていることもこれと同じだと思わない？」と同じ後方事務をしているめぐみさんに話してみました。同じ仕事をしている人なので、この気持ちがわかってもらえると思ったのです。ところがめぐみさんは、まったく違うことを考えていたのです。

「どうして？　私たちがしていることって、窓口担当の人やお客さまの役に立ってることでしょ。私たちがしなかったら、いったい誰がこの事務をするの？　誰かが絶対にしなくてはならないことをしていくっていうのはとても意味のあることだと思うな」と笑顔が返ってきたのです。「そうだよね。やっぱり意味があることだよね」と答えながらもふみさんは納得できませんでした。めぐみさんは仕事にやりがいを求めないからそういうふうに割り切れるんだとしか思えなかったのです。向上心を持って入行した自分とめぐみさんとは決定的に違うんだと心のなかで結論を出していました。

それからしばらくたったある日、大雪のニュースを見ていたふみさんの耳に、そこに暮らす人の「何で雪かきなんかっていったって仕方ないよね。雪が降ってくるんだから、雪かきするしかないもの」というあっけらかんとした言葉が聞こえてきました。この言葉はふみさんの心にさざ波を立てました。これはめぐみさ

心理的
柔軟性

内的世界
への
気づき

哲学的
対応

んの言ってたこととどこかつながる……。誰もほめてくれるわけではないし、しても当たり前だと思われることだけど、誰かがしなくてはならないことなら、自分がする、という自覚を持つ人の潔さのようなものを感じたのです。

仕事を単なる「作業」としか考えられないとき、それは意味のない囚人の苦行になってしまいます。同じことをするのでも、自分の目の前にある処理しなくてはならないものが誰のためにするものなのか、何のためになるものなのかという繋がりのなかに位置づけて自覚できたとき、そこで初めて「作業」が「仕事」に変わっていくように思います。自分がしている作業が最終的に誰に対して有益でメリットを与えるものかということを考えながら「作業」をすることは、実のところ自分の内面の仕事観を磨き、結果的に大切な「仕事」になっていくのではないでしょうか。

向上心とやる気に満ちていて、それに見合う賞賛を浴びている人だけが、本当に仕事をバリバリしている人だとそれまでふみさんは思っていました。でもそういう目立つところにいる人でなくても、「仕事」ができる人はいるのです。「仕事」ができるというのは、自分のしていることと、周囲との繋がりがわかるということだったんだ、とふみさんは気づきました。めぐみさんも「仕事」ができる人だったのです。ふみさんは、本当の意味で「仕事」のできる人になっていきたいと思うようになりました。

（岩宮恵子）

心理的柔軟性

内的世界への気づき

哲学的対応

9 苦しい上り坂

ある日のことです。はるみさんが長年担当しているお客さまが窓口に来られたとき、彼女はたまたま休憩に入っていました。そのため後輩のちえさんが対応をしてくれました。それは当たり前のことなので、まったくはるみさんは気になりませんでした。ところが次にそのお客さまが来られたときのことです。「この前来たときに担当してくれた人が勧めてくれた商品をお願いしようと思うんだけど。何だかとてもよさそうだったしね」と言われたのです。その時、はるみさんは「ありがとうございます！」と応対しながら、「私がお勧めしたときにはまったく関心を示してくださらなかったのに、どうしてだろう」と胸がチリッと痛みました。そして手続きをしながら「あの方の説明、わかりやすかったわ」とお客さまが何気なく言われた時に、急に動悸が打ち始めたのです。

「ありがとうございます。伝えておきますね」と笑顔を向けながら、止まらない動悸に戸惑っていました。私の説明がダメだと言われたわけじゃない。たまたまちえさんの説明がわかりやすかったと言ってくださっただけなんだとはるみさんは気持ちを切り替えようとしました。いつもならそんなのは簡単なことなのです。ところがなぜかその時には、まるで自分がちえさんに比べて全然ダメだと言われたように感じてしまい、涙

心理的柔軟性

内的世界への気づき

が出るほど凹んでしまったのです。

はるみさんはずっと「仕事は裏切らない」という言葉を信じて仕事に真剣に取り組んできていました。なのに、こんな些細なことをきっかけにはるみさんの心には小さな穴が空き、そこから「やる気」がボロボロとこぼれ落ちてしまったのです。

それからというものはるみさんは、ノルマを達成できた、毎日連続して契約が取れたと喜んでいる人たちに冷めた目を向けるようになりました。特にちえさんが喜んでいる様子などははるみさんにとって我慢できないものでした。ちえさんはいつも前向きで、精一杯の仕事をして、上司の評価も上がっていたのです。それはついこの前までの自分の姿でした。自分の前向きな気持ちを思いださせるちえさんの存在ははるみさんを苦しめました。そんなはるみさんの気持ちなど、ちえさんにわかるわけがありません。今まで通り親しげに話しかけてくるちえさんに、ある日はるみさんは「あなたの前向きさって人を落ち込ませるのよね」と、険のある言葉を口にしてしまったのです。

「苦しいと思ったら上り坂だった。楽だと思ったら下り坂だった」という言葉があります。これは、自分を向上させるのには地道な努力と持続する気力が必要ですが、後ろにずるずると下がっていくのには何の努力もいらないということでしょう。しかも同じように下りてくれる仲間がいたら、孤独も感じずにすむのでこんなに楽なことはありません。本当は、今回のお客さまの一言ははるみさんにとっては自分のセールスを向上させていくきっかけにもなる上り坂の出来事だったのですが、はるみさんはその苦しさに耐えかねてしまったのです。

はるみさんは上り坂の苦しさから、一緒に下りてくれる仲間が欲しくなりました。そして何人かの「仲間」を探し、その人たちとともに「やたらやる気のある」ちえさんのことを揶揄《やゆ》して、仲間はずれにするようになりました。そうしたらちえさんを見たときの胸苦しさが少しずつ減って楽になってきたのです。

ちえさんははるみさんの態度の変化にとてもショックを受けているようでしたが、あえて気にしないようにして真剣に仕事に取り組んでどんどん成果を上げていきました。ちえさんは、親切だったはるみさんの豹変という苦痛を抱えながら、淡々と努力し続けていたのです。ちえさんにとってそれは上り坂を登る苦しみになっていたのです。

そんなちえさんを見ているうちにはるみさんはだんだん自分が薄汚れた最低の人間のような気がしてきました。確かにちえさんの悪口を言ったりしているととても気持ちが楽なのですが、そんなことで楽になっている自分がとてつもなく嫌になってきたのです。

ある日、はるみさんはちえさんに久しぶりに「がんばってるね」と声をかけました。ちえさんは一瞬身構えてびっくりした顔をしていましたが、にっこりと笑い返してきました。その笑顔を見たとき、はるみさんは、この人にはかなわない……と思いました。後輩に負けたとか、自分が否定されたなどと感じて自分が坂道を転げ落ちている間に、この人はずいぶんと高いところまで登っていたのだなと素直に思えたのです。はるみさんは、もう一度、自分も坂道を登ってみようと決意しました。

二二五頁で三年目のみつはさんが、一部の先輩と上手くいかなくなったお話を紹介しますが、このちえさんの置かれていた状況は、みつはさんととても似ていたのだと思います。そして、みつはさんを避けるよう

心理的柔軟性

内的世界への気づき

になっていた先輩たちの気持ちは、このはるみさんが代弁してくれているようにも思います（そちらのコラムもお読みください）。

仕事に限らず、生きているだけでも、こころはさまざまに揺れ動きます。人と比べるなんて馬鹿らしいとどんなに頭でわかっていても、こころはそう簡単に納得してくれません。でも、こういう視点をもつと、少しだけ、こころは落ちつけどころを見つけやすくなるように思います。

（岩宮恵子）

人生の彩り・趣味の輝き

⑩温泉眼を持って温泉に入る

温泉眼を持つことのススメ

日本人は温泉好きですよね。かく言う私も温泉大好きです。しかも、「心が晴れる」のに温泉はものすごく役に立つと思います。普段の生活って、ものすごくスピーディですよね。朝、通勤で駅まで歩いていると、結構な割合で走っている人がいます。駅のホームでは駆け込み乗車はあたりまえ。そして、一分でも電車が遅れるとイラッとしたりします。また、情報量も多く、色んな刺激にさらさています。ただ外を歩いているだけでも、至る所に看板や広告が視界に飛び込んできます。家の中でもテレビを見ながらスマホを触って、さらには家族と会話したりもしています。聖徳太子もびっくりでしょう。そして、先の事ばかり考える傾向があります。例えば、仕事は段取りを考えながら目の前の仕事をこなしていかないと仕事を処理しきれません。煙草で一服している人すら、煙草を吸いながらこの先の仕事の段取りとかを考えていたりします。もはや、煙草を味わうことはそっちのけになっているようです。家庭においても特に小さな子どもがいる家は、食事をしながら時間を気にしてお風呂に入ることを考え、お風呂に入りながら歯磨きをして子どもを寝かせるまでのことを考えています。そして、少しでも子どもがそのスケジュールに反するようなことをするとイライラしたりしますよね。

このように、先の事ばかり考えて「今、ここ」に心がない状態になることを余儀なくさせられています。そんな時に温泉はうってつけです。時間を気にせずにゆっくりと湯船に身を沈め、肌から伝わってくる温泉のぬくもりを感じたり、温泉の香りを楽しんだり、まさに「今、ここ」にじっくりと浸ることが可能になるからです。

ただし、せっかく入る温泉からしっかりと温泉の恵みを吸収するためにはある程度の知識を取り入れ（温泉眼を持つ）た方が良いです。温泉眼は、質の高い温泉を見極めるのに役立ちますし、温泉の個性を感じ取るのにも役に立つからです。とはいえ、そんなにマニアックな知識は必要ないので、ここでは「心が晴れる温泉の入り方」として役立つ温泉知識を簡単にご紹介します。

お湯の鮮度を見極める

温泉に入るときに、お湯の鮮度について気にしたことがありますか？　施設が清潔だからと言ってお湯の鮮度が高いとは限らないのですよ。まず、みなさんに意識してほしいことは、温泉は人工のものではなく、自然に生み出されたものであるということです。ですから、入浴に適した温泉になるために次の三点の問題をクリアしなければなりません。

1．量の問題（たくさん湧いている場合は良いけれど、足りない場合は……）
2．温度の問題（40度前後の温度で湧いてくる温泉ばかりではない）

リラクセーション
行動レパートリー
慢性的ストレス

3．場所の問題（浴槽から遠くはなれた場所で温泉が湧いていることも）

このようにさまざまな条件で湧出しているはずの自然界の温泉が、どの温泉施設においても湯口から適温のお湯が豊富に注がれているのはとても不思議なことですよね。そこに人工的な手が加わっていることがあるのです。それをある程度見極められるようになると良いでしょう。

上記の3つの中で、お湯の鮮度に最も影響するのがお湯の量です。湯量が豊富な温泉（草津温泉や別府温泉など）であれば、捨てるほどお湯が湧いてくるようなところもありますが、大半の温泉はそうではありません。施設の浴槽に対して十分でない湯量しか湧いてこないところがほとんどです。その場合は、湯口から浴槽に注いだお湯を循環ろ過して再度湯口から浴槽に注ぐ手法がとられます。温泉は湧出してから急激に劣化していくため、循環している時点で相当劣化しています。また、ろ過をしているわけですから、汚れだけでなく温泉の成分もろ過されてしまいます。また、循環ろ過の場合には必ずと言っていいほど塩素が投入されますので、もはや元の温泉の原型をとどめていないお湯となってしまうのです。「こんなのは温泉ではない！」と思いませんか？　でも、驚くべきことに現在、日本の約7割の温泉がこの循環ろ過式をとっているそうです。

一方、循環ろ過式に対して、湧いてきた温泉をそのまま浴槽に注いで、浴槽から溢れたお湯を捨てる方式を、源泉かけ流しと言います。循環ろ過された温泉かどうかを見極める最も手っ取り早い方法は、「源泉かけ流し」と書かれた浴槽に入ることです。気をつけていただきたいのは、「源泉かけ流し」をうたっている施設でも、たくさんある浴槽の中の一個しか「源泉かけ流し」の温泉でないこともあります。それ以外の浴槽に

リラクセーション
行動レパートリー
慢性的ストレス

は循環ろ過された温泉や場合によっては「入浴剤を投入したお湯」が注がれている場合もあります。ですから、施設内の案内をよく読んで入浴するようにしましょう。また、「源泉かけ流し」などの表記が一切ない温泉施設もあります。この場合、お湯が源泉かけ流しの状態にあるかどうかを見極めるのはちょっとコツがいります。温泉から塩素のにおいがする場合は、ほぼ循環しています。それから、湯口から注がれているお湯の量に対して、浴槽から溢れ出ているお湯の量が極端に少ない場合は、浴槽のどこかにお湯を吸い取って循環させている箇所があります。そのような場合も循環していると考えて良いでしょう。

以上のような温泉眼を持てば、鮮度の高い温泉に浸かることが可能になります。そうすると、温泉の個性が感じられるようになります。見た目（視覚）、匂い（嗅覚）、入浴感（触覚）でそれらを感じると、温泉に入るのが楽しくなります。

ちょっと変わった個性を持っている温泉としては、東京にも大田区あたりの温泉は「黒湯」と呼ばれ、コーラみたいな色をした温泉がありますし、岩手県の国見温泉というところは緑色をした温泉があります。変わった匂いのする温泉としては、「油臭《アブラシュウ》」と呼ばれる、石油のような独特の匂いを持っている温泉もあります（宮城県の東鳴子温泉など）。それから、炭酸の成分が多く含まれていて、温泉に入っていると、温泉の泡が身体に付着してその泡がコロコロと身体を駆け上がってくすぐったくなる感触を持つ温泉もあります（大分県の長湯温泉、山梨県の山口温泉など）。

温泉眼を持って、温泉の個性を感じ取ることができれば、日ごろのストレスから解放され、温泉の力を存分に吸収することができるようになるでしょう。さあ、今度のお休みは温泉へGO！

（久持　修）

11 四国八十八カ所を巡る

四国に住んでいてよかったと思うことのひとつに、四国八十八カ所巡りがあります。大阪や北海道、九州などから何度も四国に来られている方も多いことに驚きます。私は、一〇周目を迎えました。一〇カ所ではなくて、八十八カ所を一〇周目である。八百八十カ所巡ったのです。

一番から、八十八番までをめぐると、次は一番に戻る。だから、永遠と廻り続けることになります。四国八十八カ所巡りに終わりはないのです。多い方では、百回以上廻っている強者の先達さんもいらっしゃいます。それでも廻ってらっしゃるのです。

私は、四十代半ば、両親に何か親孝行しないといけないと思っていた矢先、両親から、四国八十八カ所を廻ってみようかと言われました。母親の若かりし頃、最御崎寺で出会った先達さんとの不思議な思い出が忘れられないとのことでした。

私は、四国に住みながら、四国のことを余りに知らないことに気が付きました。

四国八十八カ所というお寺を廻り始めてみたら、これが、結構、面白い。四国各地のその土地にも詳しくなりました。私に相談に来られる中年期の方の中にも、仕事を減らした時間で、四国八十八カ所を巡り始め

行動レパートリー
内的世界への気づき
慢性的ストレス
哲学的対応

る方も多くいらっしゃります。中年期になると、不思議と、人生を見直したくなるものです。

私は、両親の運転手のつもりで、参拝を始めました。ところが、だんだんと私の方が、真剣になってきたのです。お寺の近くの美味しいお店や夕食の美味しい宿泊を探しました。巡拝百周以上している方ともお会いする機会もあり、何かしらの「ご縁」ということを本当に感じざるを得なかったのです。

お寺には、お墓があります。死を意識する場所です。神社は、神様が坐する場所でしょう。寺は、人が生き死にする場所なのです。お寺には「死」の臭いがします。死をどのように考えたら良いのだろうか。四国八十八カ所は、生と死の狭間を歩いているようなものです。

遍路とは、辺《へち》の道であるとの解釈が聞かれる。辺《へち》とは、四国の辺《へち》でもあるが、生と死の辺《へち》でもあるように思います。

両親は、歳は取ったが、まだまだ元気です。ありがたいことに、車に乗ってのお遍路には何の支障もなく、母親は昔から足が悪いので、歩くのに少し痛みがあったのですが、まだまだ好奇心旺盛で、趣味が高じた農作業の合間に、神仏を拝むことは、生活にリズムをもたらしました。その足の痛みが、お遍路で歩くからでしょうか、消えてしまう不思議な経験もしました。

千二百年も続いてきた壮大なオリエンテーリングの仕組みの偉大さに気が付くのは、巡り始めてしばらくたってからです。蝋燭に火を灯して、三本の線香を立てる。三本の線香には、現在、過去、未来への想いが込められています。蝋燭の火にはあらゆる悲しみや憎しみを消してくれるような尊さがあります。私たちは、見よう見まねで、お遍路を始めました。

最初は、お寺の場所も、寺の中のどこに本堂があるのか太子堂があるのかもわかりませんでした。次のお寺はどこ、ナビにいれたのか、納経時間である十七時までにいくつ廻れるのか、一番から〝打つ〟のか、逆に〝打つ〟のか。何度も何度も廻っているうちに、廻り方や宿泊の宿も次第に決まってきました。

お遍路は、どのお寺からはじめても、どの順番でも構わないのです。始めたい時に、始めることができます。思ったその時に「お遍路さん」になれます。金剛杖と言われる杖には般若心経が書かれていて、昔であれば、遍路の途中で亡くなったお遍路さんの墓標となったものです。それを、弘法大師として大切に持ち歩きます。同行二人です。白装束に袈裟、金剛杖のお遍路さんは、弘法大師空海の化身と言われます。地域の方からお接待を受けることがありますが、地域の方はお遍路さんへのお接待によって徳を得ると考えられています。このように地域と一体化した四国の仕組みを生み出した弘法大師空海は、本当に逸材であったと感嘆しました。その壮大な仕組みの内に入ってしみじみと感じました。

両親と私の三人の旅は、面白いものでした。「次は、どこだ、ナビにいれたのか、今日の夕食はうまそうだ、昼ご飯はどこの店で食べようか」。初日の朝は、母親が手作りの弁当を作ってくれました。他愛のない日常や雑談のようであるけれど、そんな時間を頂けたことに感謝の念が湧きました。宿では、夕食と共にビールやお酒をついで、夜は親子三人一部屋で寝ました。これは、子ども時代以来のことです。

死に向き合うことはとても怖いことです。自分の死を考えることも、親の死を考えることも。しかし、人は、次第に自分の死を意識せざるを得ないのです。まずは、中年期になって衰えを感じ始めた時にそれを感じます。そして退職してからも、死を意識するでしょう。死は、誰にでも平等に訪れるものです。

四国八十八カ所巡拝は、円環している。これは、生と死が繰り返される思想と関連すると思います。一番から八十八番まで廻れば、また一番に戻る。生きるとはその螺旋《らせん》の発達を繰り返しているではないでしょうか。人生は、終わるわけではない。また一番に戻るのだ。始まりも終わりもない過程とでもいえましょうか。

現代社会において、医療の発達とともに、死は、生の直線の先端にあるような認識を持ちがちです。毎日、陽が登り、沈むように、生と死は繰り返されているのではないでしょうか。夜になると、月がのぼります。生と死も同じ顔の一面ではないでしょうか。死は怖いものではなく、当たり前の自然の現象なのではないかと思えてくるのです。

死を身近に感じながら、そこで懸命に巡拝する高齢の先達さんたちと出会います。その表情は、とてもあたたかく、何とも言えず、救われた気持ちになります。とても美しい生を感じるのです。生きている実感が満ちています。いろいろな苦悶を生き抜いた円満な生を感じるのです。そのような人たちにお会いできることも、普通の日常生活にはありません。〝一期一会〟という言葉がありますが、その日の遍路でしか会えない人と会っている。偶然という言葉で言いきれない何か、そこに、深いご縁を感じます。

「なぜ、巡るのか?」それに対しては、巡拝する人皆それぞれに理由があるでしょう。巡ることで、何かが見えてくる。だから、廻っているのでしょう。私の場合は、両親と共に廻れたことへの感謝があります。他には、神仏の前では、身の丈でしかない自分を感じることができる。仕事を忘れてただただ遍路をすると、その瞬間に、とても自由になれている、生きている実感があります。

そのような遍路の体験をしてから、日常生活に帰ったとき、別の世界を知っている分、日常や仕事への焦

行動レパートリー
内的世界への気づき
慢性的ストレス
哲学的対応

りや不安にこだわりすぎることもなくなりました。大きな流れに任せるしかない。そう思える自分がいました。なんだか、気持ちが荒んできた時に、また遍路を巡りたくなるのです。私の場合、心が悲鳴を上げるときに、心を静める場としてお遍路があるのかもしれません。だから、何度も廻りたくなるのだと思うのです。

（竹森元彦）

自分の常識を変える

⓬ 原因を突き止めなくても問題は解決する⁉

カウンセリング
心理的柔軟性
慢性的ストレス

先日、知人からこんな面白い話を聞きました。

ひどい頭痛に悩まされていたため、病院に行って検査を受けることにした。検査を受けて、診察を待つ。「何か重大な病気があるのではないか」と不安でたまらない。そして、順番が来て、診察室へ。

すると、白衣を着た医師が、ニコニコしながら「二重丸だよ」と言って両手を頭の上で繋げて丸のサインを送ってくるのです。全く予想していなかった光景に戸惑いながら、どういうことかとたずねてみると、「あなたの脳は素晴らしい、右脳がすぐれているから芸術的な仕事とかが向いているよ」と言われたので、「私、画家を目指しているのです」と答えたところ、「素晴らしい！　あなたの脳にとてもあっていると思うよ」と言われたそうです。病院から出たその人は、スキップをして家に帰りましたとさ（頭痛はどこへやら）。


この話から気づかされることは「解決の仕方は多様であり、原因を追究しなくても解決することがある」ということです。私たちは、何か問題が生じたり困難に直面したりした時に、まずその原因を考えます。そして、その原因となっているものを解消することで問題を解決しようとします。でも、問題を解決する方法は「原因を突き止めてそれを解消すること」だけではないのです。先の例では、頭痛の原因には全く触れられていないですよね。頭痛の原因に触れずに、むしろその人の優れたところ（右脳）に注目しているのです。このように、その人の持っている資質や能力や優れているところのことを心理学では「リソース」と呼び、「リソース」に注目してそれを膨らませていくことで解決へつなげていく方法を「解決志向アプローチ」と呼んでいます。この「解決志向アプローチ」は、より良く生きていくうえで大変役に立つ方法ですので、身近な例を挙げながらお伝えしていきたいと思います。

随分前のことです。歩いていると、「あれ？　靴の中に石が入ってきたかな？」と思い、靴を脱いだのですが、石は見当たりませんでした。この違和感は足の裏に立派な魚の目ができていたことによるものでした。すぐにこの魚の目を治そうとして、インターネットで調べてみると、魚の目には芯があるので、それを切り取ると治るといったことが書かれていました（ネット情報なので真偽のほどは不明です）。そこで市販の薬を買ってきて、患部に塗ってみたものの効果はなく、また、硬くなった皮膚を刃物で削ったり芯を取りのぞいたりしていたのですが、ますます患部の面積が広がっていき、悪化の一途をたどっていきました。それでも、何とか治したいので、数年間、同じような方法をやり続けましたが全く良くならず、ついに諦めてしまいました。

私たちの頭の中には「原因を突き止めて、それを解決しなければ問題は解決しない」という考えが根強くあり、原因を追究するやり方が行き詰ったとしても、その方法をとり続けようとします。この例においても、悪化しているにもかかわらず同じ方法（芯を取り除かなければ治らない）を数年間も取り続けていたのです。

なお、現在、私の足には魚の目はありません。不思議なことに、フットケアをやっている専門家と出会って一緒に仕事をすることになり、「フットケアについて勉強したいなあ」と思うようになり、「そうだ、この魚の目をフットケアしてもらおう。そしたら、勉強にもなるし治療にもなるから一石二鳥だ。まさかこの魚の目が役に立つ日が来るとはね」と思っているうちに魚の目が治ってしまいました。取り除こうとしている時には悪化の一途をたどり、役立てようとすると治ってしまったというわけです。こうして、十年以上、私の足の裏に鎮座していた魚の目とお別れすることができたのです。

もう一つ例を挙げてみましょう。「息子が全然勉強しなくて困っています」と嘆いているお母さんがいました。お母さんは、勉強そっちのけにゲームばかりやっている息子に対して、「ゲームばかりしてないで、早く勉強しなさい」と一日に何度も言うものの、息子は全く態度を改めようとしませんでした。ある時、夜中に目が覚めたら、息子の部屋に明かりがついていました。様子を見てみると、なんと勉強をしていたのです。その後、気になって夜中に何度か確かめてみると、どうも息子は家族が寝静まる頃に勉強をしているということがわかったのです。それで少し安心したお母さんは、息子に対して「勉強しなさい」とあまりいうことがなくなり、少しでも早く勉強に取り掛かってもらえるように、早く寝るようにしました。すると、息子さんは家族が寝ている時だけでなく起きている時にも勉強をするようになったそうです。

この例のように、「勉強しない原因はゲームにあり」と考えて、ゲームをやめるように言ったり、場合によってはゲームを取り上げてしまったりすることもあるでしょう。それで解決すればそれはそれで良いかと思いますが、私が知っている限りではこの方法はあまり効果がないどころか逆効果になることの方が多いように感じます。この例の面白いところは、「勉強していない」ところに注目しているうちは改善せず、「勉強している」ところに注目することによって改善していったところです。「勉強している」ところに注目した上で、勉強している状況（家族が寝静まったときに勉強している）を広げたことで、家族が起きている時にも勉強するようになったのです。問題（勉強しない）は常に生じているわけではなく、必ず例外があります。問題が起きていないときや、問題が少しでもマシなときに注目してみると、思ってもいなかったような解決につながることがあるのです。

以上、解決志向アプローチを身近な例を挙げて説明してみました。このように、目のつけどころを少し変えるだけで現実が変わってくることがありますので、問題に直面したら「リソースはないか？」「例外（問題が起きていない時や、問題が少しでもマシなとき）はないか？」と探してみる癖をつけてみてください。

（久持　修）

カウンセリング

心理的柔軟性

慢性的ストレス

⑬「明日ブラジルに行こう！」

「明日ブラジルに行こう！」……何の話かな？　と思われた方も多いでしょう。これは、私が大変お世話になった故 森俊夫先生が研修会でよくおっしゃっていた言葉です。

唐突に思われるかもしれませんが、明日ブラジルに行くかどうか、ちょっとだけ考えてみてください。「そんなものは考えるまでもなく行けないに決まっている！」という読者の声が聞こえてくるようですが、まあそう言わずに考えてみてください。

そもそもパスポートがないから行けないという方は、明日行くのは難しいかもしれませんが、パスポートをすぐに申請すれば一カ月以内にブラジルに行くことは可能ですよ。「ブラジルには行きたくない」という人も中にはいるかもしれませんが、その場合はアメリカでもハワイでもヨーロッパでも沖縄でも北海道でも結構です。明日行きませんか？

本気でブラジルに行こうと思ったら、明日には日本を出て、明後日くらいにはブラジルにいることだって可能ですよね？　例えば、私は今、自宅でこの原稿をパソコンに向かって書いています（時刻は15時頃）。明日は、朝から仕事の予定です。しかし、本気になってブラジルに行こうと思ったら、今日のうちに職場に電

心理的柔軟性

内的世界への気づき

哲学的対応

話をして「すみません、急にブラジルに行きたくなったので明日以降一週間ほど休みます」とは言えないかもしれませんが、それなりの理由を伝えて仕事を休む連絡を入れます。そして、カバンに着替えなど最低限の荷物を詰め込んで、パスポートを持って、そして成田空港へ向かいます。空港に行く途中で銀行によってお金をおろし、空港に着いたときにブラジル行きの航空券が取れるかどうかを確認し、その日のうちに取ることができれば、今日中に日本を飛び立つことも可能です。そうすれば、明後日の今頃私はブラジルにいるのです！

さて、私の妄想にお付き合いいただきありがとうございました。ここで私がお伝えしたかったことは2点あります。

1．想像しない未来は（余程のことがない限り）起きない。逆に言うと、想像した未来は起きうる

私は、先ほどまでブラジルに行くことなど全く考えていませんでした。それまでの私の未来イメージは次の通りです。これから原稿を書き、行き詰ったらフラフラ歩き回って休憩、これを繰り返し、夕食までには半分くらいを書き上げておきます。夕食では誘惑に負けてちょっとビールを飲んでしまうかもしれません（今日はとても暑くて、冷房のない部屋の中で汗をかきながらパソコンに向かっています。さぞかしビールがおいしいでしょう）が、ビールは飲んだとしても一本に留めておき（一本で済むかなあ……）、とりあえず本日中にこの原稿を書き上げる。ただし、ビールを飲んだ場合は内容が滅茶苦茶になっている可能性もある（稀に素晴らしい内容になっていることもある!?）ので、明日の朝起きたら祈りながら内容をチェックする。そ

心理的柔軟性

内的世界への気づき

哲学的対応

して、職場に向かい、いつもどおり仕事をする。というものです。余程のことがない限りこの通り（想像した通り）になるでしょう。

しかし、私は先ほどブラジルに行くという想像をしました。実際には、仕事を休んでまでブラジルに行くということはないでしょうが、私の想像力は豊かになっています。つまり、「もともと『こうなる』と思っていた未来イメージは固定的なものではなく、私の未来イメージと行動次第ではいくらでも変化しうる」ということに気づいたのです。そうすると、「あまり原稿を書くのに時間をかけないで、夕食まで書き上げてしまった方がおいしいビールが飲めるし、その後の時間を有効に使った方が私の望む未来イメージだ」というように考えが進み、私がかつて持っていた未来イメージは書き換えられていくのです。夕食までに原稿を書き上げることなんてできっこないと思い込んでいたものが、夕食までに原稿は書きあがるという未来イメージに変わっていき、実際に原稿がサクサクと進んでいくのです（そうなってほしい）。

2．「自分の人生は自分の意志で歩んでいる」と思っているかもしれないが、実際は相当に縛られている

あなたは、「自分の人生は自分の意志で歩んでいる」と思っていますか？　よくよく考えてみると、本当に自分の行動は自分で選んでいるかどうか怪しいものです。例えば、電車に乗って空いている席に座ったときに、その行動は自分の意志で選んでいるようにも思われますが、なぜその席に座ったのかを考えてみると、実際には人の密度が少ないところに座っていることが多いですよね。そうなると、電車の中に入った瞬間にある程度座る席というのは決められていて、あなたはそこにまっすぐ向かって座らされている、というよう

にも解釈できます。

先の私の例で考え直してみると、私が原稿を書かなければならないとか、明日仕事に行かなければならないというのは、自分で選んでいる行動のようにも思われますが、見方によってはそう行動せざるを得ないように縛られているとも見えます。そうやって人は自分の行動をさまざまな形で縛られているのです。縛られていくと、未来への想像力が固定化し、人は未来を柔軟に想像することをやめていってしまうのです。このような時こそ、未来への想像力を取り戻し、柔軟に未来を想像することが役に立ちます。

明日の私、明後日の私は「どうせこうなるに決まっている」と決めつけずに（それこそ、あなた自身が自分で自分を縛っているとも言えます）、明日の私、明後日の私は、いくらでも変えられる、全ては私の未来イメージと行動次第なのだと心得てください。明後日の今頃には、ブラジルにいることだってできるのですから！

（久持　修）

心理的柔軟性
内的世界への気づき
哲学的対応

14 人生劇場で演じる、なりきる、やりきる

こんな想像遊びはいかがでしょうか。あなたが今生活しているのは人生劇場という名の舞台で、あなたが手にしているこの本も舞台の小道具です。もしあなたの近くに飲み物などを置いているとしたら、それも小道具です。あなたが部屋にいるならばこの舞台の幕《シーン》の大道具は、家具や窓、部屋自体ということになります。あなたがこの本を置いて次に何か行動するとしたら、そのような脚本どおり、あなたが演じているということです。今あなたがいる場所にはどのくらいの照明が当たっていますか？　何か背景音楽（ＢＧＭ）は流れていますか？　その照明も音響も、あなたの読書のシーンのために準備され、調整されたものだと想像してみてください。あなたが身につけている衣装も、この場面のために準備された衣装です。

もしあなたがそんな人生劇場の主役だとしたら、舞台監督は誰でしょうか？　そして脚本を書いているのは誰でしょうか？　それは、もちろんあなたです。今、その場所にいることを選び、着るものを選び、部屋の明るさを選び、そこで何をするかを選んでいるのもあなただからです。いかがですか。なんとなくでもイメージができそうでしょうか。つまりあなたは、ほとんどのことを自由に設定できる人生劇場の脚本家であり、監督でありかつ主人公なのです。格好いいですね。北野武、クリント・イーストウッド、ロベルト・ベ

ニーニのようです。

一つ一つ考えていきましょう。今演じている場面は、一体どのような場面でしょうか。きっとこの本をどこかの部屋か、公園か、職場か、お店、あるいは電車やバスの中などで読んでおられますね。舞台の場面はそこです。テーマのようなものを挙げるとしたらいかがですか？　少し余裕のある時間の読書でしたら、「優雅な休日の昼下がり」になりますでしょうか？　そうだったらいいですね。それとも「つかの間の休憩で読書」で、これから家事や用事、仕事などが待っているのでしょうか。あるいは悩んでおられることについて藁にもすがる気持ちで読んでおられたら「何か解決の糸口を求めて……」が場面のテーマになるかもしれません。

この幕《シーン》は、どのくらい続いていて、この後どのくらいの時間続きそうでしょうか？　立ち上がって移動したり、別のことをやり始めたり、別の登場人物（脇役）が現れたり、駅やバス停に着いたりという場面転換が起こるまでどのくらいの時間がかかりそうでしょうか。その舞台の登場人物はあなただけですか？　それとも別の方が登場しているのでしょうか。その人にセリフはありますか？　その俳優さんはあなたの人生ではエキストラのようなものでしょうか？　それとも重要な脇役で、助演男優賞、助演女優賞などをもらうような存在感のある人でしょうか。みんなアドリブをしてしまうのが人生劇場ですが、それでもあなたが監督ですから、その俳優をどのくらいあなたの人生劇場に登場させるかは、あなたが選べるのです。家族中心のホームドラマにして、主な登場人物を家族にしますか？　それとも職場があなたの人生劇場の中心でしょうか？　舞台設定、メインキャスト、一つの場面をどのくらい続けるか、誰をどのくらい出演させるかはあな

慢性的ストレス

哲学的対応

た次第です。

ここまで書くと、この文章が何を意図しているかがおわかりでしょうか。あなたの生活を劇場に見立てて考えてみると、あなたの時間の使い方、過ごす場所、一緒にいる相手、何をするか、どんな姿勢でいるか、どんな表情をするか、何を語るか、テーマを何にするかは、あなたがその瞬間その瞬間、自分で選べることだということがはっきりとしてきませんか。

人生は舞台じゃない、自分の言動は演技じゃない、と思われるかもしれません。しかし私たちの言動は多かれ少なかれ演技的なところがあります。場面によって服装を変え（おしゃれをし）、誰が家に来るかによって舞台設定を変え（片付けをし）、場面や相手によって、言葉遣いや声の高さや大きさを変えているわけです。おめでたい席では、（たとえ何がおめでたいのかピンときていなくても）愛想笑いもしますし、深刻な場面であれば、神妙な顔つきもするでしょう。そうしたことをするのは当たり前のことで、全くおかしなことではありません。思い切って、今の場面で演じてみるとしたらどのようになりますか。

今ここが人生劇場で、自分が脚本家・監督・主演だという思い込みが少しでもできたら、次には少し大げさにでも演技をやってみてください。なぜなら、私たちの多くは、本当にしたいことを中途半端にしかできないまま一日を終えることが多いからです。本を読みながらも目の前の家族に言いたいことがあってモヤモヤしていれば、「ねぇ、ねぇ、そういえばさぁ……」と言い始めてみましょう。静かな第一幕から、舞台は一気にかわり、家族ドラマの見どころの第二幕になります。一人で公園にいて本を読んでいたら、「さて、今日は何をするかなー」などと（心の中で）言いながら、演技がかったように背伸びをし、爽やかに行きたいと

慢性的ストレス

哲学的対応

ころに向かいましょう。この本を読んでいて電車の駅やバス停に着いたら、場面転換です。「よし。今日も元気にやるぞ」などと、安っぽいドラマの主人公しか言わないようなセリフを（心の中で）つぶやいて、颯爽と歩き出してみましょう。セリフの内容はどうぞご自身で考えて、少し大げさにやってみましょう。

主人公になりきって演技をしてみるといかがですか。少し気持ちが変わりませんか。人生は脚本通りにはいきません。キャストの思いがけないアドリブで固まってしまうこともあるでしょう。そんな時には脚本家か監督のあなたから俳優のあなたに演技指導をするのです。このようにお勧めしている私自身もそんなに器用にはできませんが、そうしたアイデアを自分の中に持っておくだけでも、不思議な心地になれるでしょう。

それでは…準備はいいですか……？　アクション!!

（金子周平）

⓯価値を測るものさしを増やす

大学生を相手に講義をしていると、だいたい後ろの方で内職している学生が数人はいます。なにもそれで日銭を稼いでいるわけでもないのですが、おおかた近いうちにある試験に備えたお勉強をしているわけです。

僕は、基本的にお喋り以外のことで学生を注意することはありません。でも、内職をしている学生を見ると、「もったいないなぁ」という気持ちも正直湧きます。何がもったいないかって、学生がこれまで使ってきた「ものさし」で、物事の価値を測ろうとしていることがもったいない。そのものさしとは、「効率よく結果をだせるか」。つまり、自分にとって無駄と思えるものを極力なくして試験で合格点を取ることが、自分の人生を豊かにするという考え方です。コストパフォーマンスのよいものだけが生き残り、そうでないものは淘汰されるという今の時代の価値観と重なります。

どうして、そのような学生はそんなふうに「効率よく結果を出す」というふるまい方を身につけたのでしょうか。それは、そうすることが良いことだと思わされるような体験をこれまで重ねてきたからではないかと思うのです。

高校生の頃まで、子どもたちは親や教師など周りの大人から、「勉強、勉強」と勉強することを推奨されま

心理的柔軟性

内的世界への気づき

慢性的ストレス

哲学的対応

す。じゃあ、「なんでそんなに勉強しなきゃならねぇんだよ」という子どもの問いかけに、今の社会はどのような答えを用意しているのでしょう。「そりゃおめぇ。たくさん勉強したらいい大学に入れるからよ」「なんでいい大学に入らなきゃならねぇんだよ」「そりゃおめぇ。いい大学に入ったら、いい就職先に勤めることができるからよ」「なんでいい就職先に勤めなきゃならねぇんだよ」「そりゃおめぇ。いい就職先に勤めることができれば、給料たくさんもらえるからよ」

さて、この先に「なんで給料たくさんもらえなきゃならねぇんだよ」という問いかけが続けばおもしろいのですが、残念ながらそこまで突っ込む子どもは、今の世の中そう多くはないだろうと思うのです。だって、世の中を動かしている市場原理は、「よい収入を得ることが人の幸せである」みたいな価値観を後押しする側面が間違いなくあるからです。

お金は大切じゃないって話をしたいのではありません。だけど、人生の価値を測るものさしが「どれだけ収入が多いか」とか「どれだけ社会的地位が高いか」だけだとすると、収入が減ったり社会的地位を上げることができなかったりすると、「自分の人生に価値はない」という結論になってしまいます。

講義中に内職をして近い将来の試験に備えている学生は、「効率よく結果を出せるか」というものさしで自分の体験の価値を測っているわけで、その延長線上には「どれだけ収入が多いか」とか「どれだけ社会的地位が高いか」という似たようなものさしがある。なぜなら、収入や地位それ自体が目的化されると、それを効率よく得ることが最も合理的となるからです。そうすると、物の重さを測る「はかり」をいくつか持っているけれど、結局はかりの材質や測れる重さが違うだけということになってしまいます。

心理的柔軟性
内的世界への気づき
慢性的ストレス
哲学的対応

けれど、目の前にあるものが重さ以外のこと、たとえば音や味とかを表すものだと、もはやはかりを使ってそのもの自体を測ることはできなくなる。これと同じことが、人生には必ずあります。

これまで仕事一筋に生きてきた人が、うつ病を患って「ムリをしすぎずに、自分を大切にする」とか「家族の時間を豊かなものにする」という生き方にシフトすることがあります。これは、「どれだけ仕事で良い結果を出せたか」というものさしから、「どれだけ自分を大切にしたか」とか「どれだけ家族との時間を豊かにしたか」というものさしを使って人生の価値を測ろうとしている。

こんなふうに、自分の体験や人生の価値を測るものさしは、いろんな種類を持っていた方が、きっと人生は豊かになると思うのです。では、これまで持っていなかったものさしをどうやって手に入れればよいか。それは、これまでと違う体験を味わうということにつきるのではないでしょうか。少なくとも、今まで持っていたものさしで価値を測り続けていては、新たなものさしを手に入れることはできません。

講義中に内職をするのがなぜもったいないか。それは、これまで持っていたものさしで物事に対処している結果として内職をするという行為に結びついているからです。そのものさしを使っている限り、それ以外のものさしを手に入れることはできない。

学校に通えなくなった。大病を患ってしまった。大切な人を亡くした。勤めていた会社が倒産した。生きていると、今までできていたことができなくなる、今までと違う世界に放り込まれるということが、何度となく訪れます。失ったものを嘆き、人生の岐路で下した選択に激しく後悔することもあるでしょう。

そんな時、心の片隅でこう思ってほしいのです。「この体験によって、人生の価値を測る新しいものさしを

心理的柔軟性

内的世界への気づき

慢性的ストレス

哲学的対応

手に入れることができる」と。人生のさまざまな局面で訪れる出来事は、どんな怖い顔をしていても、必ずあなたに「新たなものさし」という贈り物を届けてくれますから。

（竹田伸也）

16 普段のクセを変えて思考の柔軟さを育む

今回は、僕の行った介護職にまつわるおもしろい調査から話をはじめます。

介護職は、とてもやりがいのある仕事ですが、抱えるストレスも少なくありません。その介護職の方々が、職場で楽しく働くために実践していること（以下、〝快行動〟と略します）にはどのようなものがあるかを調べてみました。すると、とても興味深いことがわかったのです。

幸福感が高い介護職の人も、幸福感が高くはない介護職の人も、共通の快行動はたくさんありました。そんななか、幸福感の高い介護職の人だけが行っている快行動が見つかったのです。それも、たった一つだけ。なんだと思いますか？

それは、「リフレイム」です。リフレイムとは、「re（再び）」「frame（形作る）」の合成語で、見方を変えて別の視点から物事を捉え直すことをいいます。つまり、思考の柔軟さが、介護職の方々の幸福感を支えていたというわけです。

人は、困っている時や問題を抱えている時、つい悪い方に目が向きがちです。そして、悪いレッテルを貼って物事を理解しようとします。職場で嫌なことがあると、「この職場は最悪だ」と考える。失敗したことばかり思い出して、「私には何もとりえがない」と考える。他人が強い口調でモノを言うと、「あの人は怒りっぽい」と考える。病気を抱えてしまったことで、「もう自分の人生はおしまいだ」と考える。

こんなふうに、悪いレッテルを貼って物事を理解して、気持ちが軽くなればまだ救いがあります。ところが、悪いレッテルを貼ることで、気持ちがますますつらくなることはあっても、事態が好転することはまずありません。

本来、人や物事を、一つの見方だけで捉えるなんて不可能です。ためしに、「消しゴム」を〝消す〟以外の用途で使うとすれば、どんな使い方があるか考えてみてください。

ブロック遊びに使う。ハンコを作る。物が飛ばないよう重しにする。ボールのように投げて遊ぶ。ギュッと握って握力トレーニングする。などなど、ほかにもいろんな使い方が浮かぶでしょう。消しゴムのような単純な物ですら、一つの用途に収まらない多様な捉え方があるのです。

僕たちの世界は、自分自身を含め、いろんな捉え方ができるものばかりです。なので、一つの捉え方に縛られてしまうこと自体、「思考が硬い」というのがおわかりいただけるでしょう（ちなみに、さっきの「消しゴム」を消す以外の用途が思いつかなければ、思考がかなり硬くなっている証拠です）。そして、この「思考の硬さ」こそ、ココロの不健康をもたらす一番の原因となるのです。

「じゃあ、ココロの健康を保つために大切なことは、思考の柔らかさなの？」と思ったあなた。それ、大正解です。思考の柔軟性は、ココロの健康を保つだけでなく、冒頭の介護職への調査からもわかるように、幸福感も高めてくれます。そして、思考の柔軟性を育むための身近な方法が「リフレイム」なのです。

リフレイムとは、次のような感じです。「母親失格だ」と悩んでいたお母さんがいたとします。リフレイムすると、「もっとよい母親になりたい」という気持ちを強く持ったお母さんだとなります。

「母親失格だ」を「もっとよい母親になりたい」にリフレイムするにはどうすればよいか。そのための、とびっきり簡単なコツがあります。それは、リフレイムしたい物事の後に、「○○（……）できる（……）」とつけ足してみるのです。そうすると、今まで自分を苦しめてきた思い込みのなかに、自分を癒したり勇気づけてくれたりするヒントが見つかります。

先ほどの「母親失格だ」だと、「母親失格だと思うことができる（……）」となります。母親失格だと思うことができるのは、もっとよい母親になりたいからですよね。どうでもよかったら、そもそも「母親失格だ」なんて思いません。こんなふうに、別の視点から捉え直すことをリフレイムというのです。

少し練習してみましょう。「物事を決断するのが遅い」だと、どのようにリフレイムできると思いますか？まず、「物事を決断するのを遅くすることができる」となります。そうすると、ここに隠れているチカラは「物事に熟慮して臨むことができる」となります。そうできたからこそ、この人にはこれまでの人生で救われたことが多々あったでしょう。

リフレイムには、もう一つ、ビックリするほど簡単なやり方があります。それは、「でも」とか「だから」

を使いたくなったら、言い回しを変えてみることです。僕たちは、良いことの後に「でも」を使い、悪いことの後に「だから」を使って、自分から元気を奪ってしまうことが多いようです。

「あの人、今日は機嫌がいいみたいです。でも（……）、いつもは感じ悪くて一緒にいるのがつらいんです」。「ダイエットしようと思ってる。でも（……）、きっとまた三日坊主で終わるのがオチだ」。「上司に叱られた。だから（……）、俺は何をやってもダメなんだ」。「私にはこの病気がある。だから（……）、毎日こんなに気持ちがつらい」

そうやって、わざわざ自分で自分を後ろ向きにするのを、たまにはやめてみませんか。

「でも」を使いたくなったら、「そして」に切り替えてみてください。そうすると、良いことにつながる言葉が、「そして」の後に続きます。「あの人、今日は機嫌がいいみたいです。そして（……）、私に気持ちよく声をかけてくれました」。「ダイエットしようと思ってる。そして（……）、少しでも健康になってあちこち旅行したい」

「だから」を使いたくなったら、「にもかかわらず」と言いかえてみましょう。そうすると、隠れているチカラや強みが見つかります。「上司に叱られた。にもかかわらず（……）、クサッたりせず仕事を続けている」。「私にはこの病気がある。にもかかわらず（……）、穏やかに暮らすために、できることをしている」

些細なことですが、こうした言いかえをしてみるだけで、自分から元気を奪う言葉を、自分に元気をもたらす言葉に変えることができます。これも、リフレイムです。

もし、あなたが普段つい悪い方に目が向きがちだったり、悪いレッテルを貼って物事を理解しようとしたりするクセがあるなら、たまには悪く考えてしまった時にリフレイムして別の視点から捉え直してみてほしいのです。そうしたことを重ねるうちに、何が起こると思いますか？　少しずつ考え方が柔らかくなります。

体が硬い人が、ストレッチを一回しただけで、いきなり体が柔らかくなることはありません。でも、毎日自分のペースで無理せずストレッチを続けると、それに応じて体は着実に柔らかくなる。それと同じで、リフレイムをあなたのペースで続けると、物事を別の視点から捉えるという新たなクセが身につき、思考の柔軟さはじっくり育まれていきます。

「そんなことできるかよ」と思ったあなた。「そんなことできるかよと考えることができる」って考えてみましょう。そうすると、「物事を鵜呑みにせず、批判的に眺めることができる」とリフレイムできますね。リフレイムの素材は、こんなふうにあちこちに散らばっています。

（竹田伸也）

17 渾身のリフレイミング

昔、中国の国境の砦（塞）の近くに住んでいた老人（翁）の話です。その人の馬がある日、砦を越えて隣の国に逃げてしまいました。周囲の人は、この損失を気の毒がりましたが、その老人は「いや、これが福と転じるかもしれん」と言いました。数カ月後、逃げた馬が戻ってきました。見たことのない駿馬を連れて。

「人間万事塞翁が馬」という故事成語のもとになった有名なお話です。このように、一見、不幸と思えることが、幸運に一転することもありますね。この話にはもっと続きがあることを知っている方も多いのではないでしょうか。

逃げた馬が駿馬と一緒に戻ってきた時、人々は驚いて、「運がいいな」と褒めて羨ましがりました。ところがこの老人は「いや、これが何かの災いになるかもしれん」と言い出しました。その後、家は栄え、息子は乗馬を好み、名手となりましたが、ある日落馬をして脚の骨を折る大怪我をしてしまいました。人々はとても気の毒がってお見舞を言いましたが、またその人は「いや、これが福となるのかもしれないから」と言いました。一年後、この地方に隣の国が攻め入ってきました。激しい戦となり、多くの剛健な男子は弓を引いて戦い、亡くなりましたが、この息子は脚をひきずっていたため戦いに出ることができず、父子ともに命を

心理的柔軟性

内的世界への気づき

慢性的ストレス

長らえました。
この話の出典『淮南子《えなんじ》』によると、主人公の塞翁は「占いをよくする人」とのことでした。だからこそ、このように反転する将来を予測できたといえますが、そもそも人生の幸不幸（運不運）はこの話と同じで、近視眼的なものさしで測れるようなものではないのでしょう。

現代の私たちの人生もこれと似ています。人も羨む立派な企業に就職して、あるいは大きな家に嫁いで、生活は華やかに見えたとしても、思いがけない経営の苦労を舐め、重荷を抱えることになった人もあります。かと思えば、命を削る病気にかかったけれど、闘病生活の中で、配偶者と初めて深い絆を感じられたという人もあります。また、諦めて入ったきつい職場で、周囲の人から頼りにされ、自身の才能に気づいたり、一生の友人に出会うこともあるでしょう。あるいは、第三志望の大学に入学したから、学力に余裕があって、先生といちばん距離が近く、可愛がってもらえるかもしれません。「これが良かったかどうかは（本当に悪いことだったのかは）、人生の後になってみないとわかりません」と、苦労を乗り越えた方が口々に言われます。

私たちは、つい「勝ち組」だとか「負け組」だとかいうレッテルを貼りたくなり、うまくいっている人をやっかんでみたり、自分もうまくやって抜け目なく得をしたいと思ったり。そして、人より損をし、普通だと思っていることができないと、とても情けなく腹立たしく思うものです。しかし、損を引き受けたことによって、知らず知らずのうちに別の難を逃れていることはないでしょうか。逆に、あることをうまくやったと思っていても、そのことで、傷つけたくない人を傷つけてしまっていることがないでしょうか。このように、物事に思いがけない副作用が（悪いものばかりではありませんが）ついて回る例は、枚挙に暇がありません。

物事の理解にまったく新しい文脈や視点を加えることを「リフレイミング」といいます。リ（再び）フレイム（枠付ける）、つまり思考の枠をはずし、新たに枠づけ直すことです。失敗は次に生かせる経験と考え、短所も使いみちによっては長所になる、と考え直すことです。例えば、私は不器用だったから人を頼ることができた、不器用だったから慎重にやれた、と振り返ってみるようなことです。「コップの水がもう半分になってしまったと考えるか、あと半分は残っていると考えるか」という、例の、発想の転換です。リフレイミングはただの気休めや負け惜しみのように聞こえてしまうこともありますが、人生の変転を考えれば、「ただの気休め」どころか、最も現実的な予測と言えなくもありません。「コップの水がまだ半分もあった！」ではなく、「たまたま水が半分に減っていたから、コップが倒れたが周辺被害が少なかった、早く乾いて助かった！」という類でしょうか。

そして、リフレイミングが本当に役に立つのは、人生という大所に立たなければならない時ではないか、と思うのです。つまり塞翁の知恵のごとく、災いの中に福の前触れを見、福の中に喪失を予測することも、広い意味でのリフレイミングではないかと思います。

「大所」と言いながら卑近な例を出すようですが、子どもが大きくなっても、雨の日には学校や駅まで車を出してあげて、寝癖直しや腹痛で家を出るのが遅れた日には車を出してあげて、子どもの手となり足となっている親御さんはいませんか。そして、子どもがいやいや学校に行っている（怠けて面倒臭がっているだけかもしれません、あるいは学校に行くのが辛い理由を言えないのかもしれません）と、励まし、叱り、急かしたりして、「明日はもう少し早く起きなさい！」などと小言を言う日はありませんか。子どもはブスーッとしているし、朝の雰囲気も最悪です。こういう親子のことを笑う人もあるでしょう。笑えない人もあるでしょう。

不登校傾向の子どもを持つと、こうした毎日を送りがちです。今日一日、親が子どもを学校へ引っ張って行っても根本的な解決にならないどころか、親子間に対立が生まれるばかりです。しかし、本人に任せて手を出さず見守れば、お休みが続いて取り返しがつかないことになるかもしれない。なので、手取り足取りの苦しい登校をやめられないのです。逆に、子どもと歩調を合わせてお休みを認め、長い目で見て対処しようとしていると、「甘い親だ」と周囲から謗られてしまいます。親御さんの日々の判断には独特の難しさがあるものです。何が本当に良いことで、何が幸せなのか。学校へ行くことが至上の命題だと思い込むことを親がやめると、かえって葛藤が緩み、心を軽くして登校意欲を取り戻す子もありますが、そう一概に言えないのも事実です。

もうひと押しすれば遅刻してでも子どもが学校へ行けたかもしれない朝、あるお母さんは、子どもを学校へ連れて行こうと緊迫した中でふと我に返り、「まあいいや……。今日、あなたが学校へ行っていたら、何か事件や災害が起きるっていうことがあったかもしれない。大怪我をしたり、もう会えなくなってしまう日になったかもしれない。もしかしたら、今日は本当にお休みして良かった日かもしれないね。帰ろうか」と言ったそうです。子どもさんは「うっ」と絶句し、「……ごめんなさい」となぜか謝ってくれたといいます。そして一日、毒気を抜かれてしっかりお休みしたそうです。

話が回り道に過ぎました。リフレイミングとは、窮した時の逆転の発想です。良寛和尚は「災難に逢う時節には災難に逢うが良く候。死ぬ時節には死ぬが良く候。これはこれ災難をのがるる妙法にて候」と書かれているそうです。ここまでの覚悟を人は持てるのかと思えますが、不思議と現実味があります。C・G・ユングが紹介している「エナンチオドロミア」（物事は極まると反転するという原理）もこれと似ています。

運命と仲良くするためにも、窮した時には塞翁の知恵を借り、裸一貫も辞さない渾身のリフレイミング、これです。

（進藤貴子）

18 「悩み」を「課題」に

えみさんはその仕事について五年目です。営業的なノルマもどんどん増えてくるし、資格試験は受けなくてはならないし……と、しんどいなあと思うことが増えてきました。しかしもともと人と話すことが好きなので、新しい商品の説明をお客さまにすることや、窓口の接客自体を苦痛に思ったことはありませんでした。

ある日のことです。窓口での手続きを終えて帰られるお客さまに、いつものように「ありがとうございました」と言おうとしたところ、いきなり舌がもつれて「ありゃとあしたー」のようなわけのわからない言葉になってしまいました。玄関に向かっておられたお客さまに「え？　何ですか？」と振り返って聞き返されたとき、恥ずかしさはピークに達しました。後で考えると、この時に「すみません、舌がもつれちゃって」と笑うことができたらよかったのかもしれませんが、その時のえみさんにはそんな余裕はありませんでした。「いえ、何でもありません。すみませんでした」と頭を下げるのが精一杯だったのです。

その日を境に、えみさんは「ありがとうございました」という言葉が言いにくくなりました。決してお客さまに対して、感謝の気持ちが持てなくなったからとか、そういうのではないのです。会話の途中では普通に「あの時は、ご契約いただいてありがとうございました」などと口にできるのです。なのに、お見送りするときの挨拶で「ありがとうございました」と言おうとすると口の中がカラカラになってしまい「あいが……たー」などとしか言えないときもありました。

やがて、朝、席につき開店する時間になると緊張のあまりのぼせたようになる日も出てきました。お客さまとの会話は普通にできるのに、話が終わりに近づきかけると、ああ、また最後に挨拶をしなくてはならないという思いで頭がいっぱいになって話が上の空になることもあるのです。

えみさんは、ひとりになったとき、何度も「ありがとうございました」と繰り返したり、「どうも」とか「いつも」などという言葉をつけて言ってみる練習をしたりしました。そういうときにはいつだってスムーズに言えるのです。でもどうしてもお客さまとの別れ際の挨拶のときにはうまく言えないのです。

普段のえみさんは楽しく明るい人なので、まさかこんなことで悩んでいるとは、誰にもわかりません。もっと大変で深刻な仕事上のストレスについてなら職場の友だちとも話せるのですが、こんな悩みは冗談っぽく「最近、よく噛んじゃってね〜。滑舌が悪くなってるみたい」などと言うことはできても、真剣に相談することは憚られていたのです。えみさんは毎日が辛くてたまりませんでした。何よりも、こんなくだらないことで悩んでいる自分が情けなくてたまらなかったのです。

仕事上のはっきりしたトラブルとかプレッシャーは、それはそれで本当に大変なのですが、周囲の人にもその大変さがわかりやすいし、対処しなくてはならない「課題」として取り組むことができます。ところがこのえみさんのように、トラブルというほどでもないような個人的なうまくいかなさというのは、「課題」として向かいあうことができにくいだけに、実はとてもキツイのです。

心理的柔軟性

内的世界への気づき

慢性的ストレス

そんなある日、えみさんはある先輩と話しているときにはっとする言葉を聞きました。それは「どんなに努力をしてもどうにもならない自分の弱い部分をはっきり自覚してからのほうが、努力でどうにかなる部分ではがんばれちゃうようになったんだよね」というものでした。

どんなに努力しても挨拶としての「ありがとうございました」が言いにくいというえみさん悩みは解消しません。それならばせめて努力で何とかなりそうな他の部分では一生懸命やってやろうじゃないかとえみさんはその時、決意しました。

それからというもの資格試験の勉強や、営業のノルマに取り組むときの気持ちが変わってきました。努力をして成果が出ることに対しては、今までよりも、ずっと喜びを感じるようになったのです。そうなると、挨拶としての「ありがとうございました」が言いにくくてもそれほど苦痛ではなくなり、「どうもでした。またお待ちしております」などと言葉を変えて言う工夫もできるようになりました。

努力では解消することができない「悩み」は、別の「課題」に変換してそっちで取り組むしかないんだなとえみさんは思うようになりました。

（岩宮恵子）

心理的柔軟性
内的世界への気づき
慢性的ストレス

子育てと親育て

⑲子育て中のすべてのお母さんへ

ワーク
ライフ
バランス

内的世界
への
気づき

成人期・
中年期

子育ては「楽しい」こともあるでしょうが、途方もなく大変なことで、それは文字では簡単に表現できるものではないように思います。ですから、子育てについて何かアドバイスをしたりするのではなく、子育て中の全てのお母さんへのメッセージのような形で苦労をねぎらう気持ちを伝えていきたいと思います。

お母さん

思い返せば、子どもを身籠った時から子育ては始まっていたのかもしれません。初めての出産に向けての怖さ、子どもがちゃんと産まれてくれるのかの不安、子どもが生まれた後の不安。決して楽しい気持ちばかりにはなれなかったことでしょう。そして、そのことをお父さん（夫）に話をしたとき、お父さんのノー天気さに腹が立った人もいるでしょう。でも、それはお母さんがすでに「子どもを産み育てる」という覚悟をしっかり持っていた証なのだと思います。

無事に子どもが生まれたら、その日から本当に「お母さん」になってしまうんですよね。世の中で重大な決断を求められる時は「ちょっと考えさせてください」って、考える時間をもらえるものだけど、「お母さん」になるのは待ったなし。そして生活はそれまでと一変します。友達と遊びに出かけたりもできなくなるし、外出するのだってしばらくはままならなくなります。トイレにすら行きにくくなってしまう人もいるくらいです。お化粧をばっちり決めて、気に入った服を着て買い物に出かけ、夜は居酒屋でお酒を飲んで、そんな生活が遠い昔のように感じるかもしれませんね。こんなにも自分のことを横において何かに没頭するのはおそらく長い人生でもこの時くらいだと思います。でも、そんなお母さんのことをあまりほめてくれる人がいないかもしれません。「今までの人生においてこんなにもがんばったことがないほどがんばっているのに、なんでだれもほめてくれないんだろう。でも、どのお母さんも同じようにやってるから、別に特別にがんばってるわけではないのかもしれない」。お母さん、そんな風に思う必要はありません。お母さんはとてもよくやっていますよ。

そして、子どもが保育園や幼稚園に行き始めます。通い始める初日、抱っこしていた子どもを先生に預けた時、「子どもを見捨ててしまった」ような罪悪感をおぼえて涙したお母さんもいるでしょう。また、自分の手元を離れていく子どもの姿をみて寂しくてたまらなくなったお母さんもいるでしょう。これらの気持ちは全て、お母さんがこれまで子どもにささげてきた愛情の表れだと思います。どうか誇りに思ってください。

子どもが小学生になると、かつてのような手がかかることはなくなってきますよね。一方で、お母さんの思い通りに子どもが行動せずにイライラすることが増えてくるものです。思い返してみると、子どもが小さな頃は、かわいくてしょうがなかったし、「この子が何をしても許せる」とすら思っていたかもしれません。だから、当時と比べて「もしかしたら、この子に対する愛情が薄くなってきたかもしれない」と不安になる

ワーク
ライフ
バランス

内的世界
への
気づき

成人期・
中年期

こともあるでしょう。そして、子どもを憎らしく感じる自分を責め苦しむこともあるかもしれません。でも、大丈夫です。お母さんの愛情が深いことを誰よりも知っているのが他ならぬ子ども自身だからです。子どもがお母さんの言うことを聞かないのはお母さんの愛情に対する信頼があるからなんですよ。

子どもが中学・高校に進んでいくと、いわゆる「反抗期」を迎えます。この頃になると、すっかり身体つきも大人と変わらないくらいに成長し、考えることも一人前になってきます。そんな時には、子どもから至らなさを指摘され、傷つくこともあるでしょう。でも、完璧な親なんていません。むしろ、子どもが親の欠点に気づくことができるようになった。そこまで成長させたのはお母さんのおかげです。そして、この状態も長くは続きません。むしろ、子どもと離れる日も刻一刻と近づいてきているのです。だからこそ「今この時」を大切に過ごしていただきたいと思います。

子どもが大学に進学したり、就職したりするタイミングで、多くの子どもは生まれ育った家を出ていくことになります。これまで大切に育ててきた子どもが離れていくことは、本当に心がしめつけられるような寂しさを生みますよね。この気持ちはさだまさしさんが「案山子」という歌の中でうまく表現されています。田んぼの中に雪をかぶって置き忘れられた案山子があるのを見かけ、「お前も都会の雪景色の中でちょうどあの案山子のように寂しい思いをしてはいないか、体をこわしていないか」と心配する親心が描かれているのです。でも、親としては、もう案山子じゃなくたって何を見たって子どものことを思い出して心配になるじゃないですか。しかし、自分はとてつもなく寂しい思いをしているのに、子どもは案外ケロッとしていたりします。正月やお盆にすら家に帰ってこないことすらあるかもしれません。「私だけが寂しがっているの⁉」

ワーク
ライフ
バランス

内的世界
への
気づき

成人期・
中年期

このギャップに寂しさがさらにしめつけられたりしますよね。しかし、この途方もない寂しさこそが、お母さんが子どもにささげてきたかけがえのない時間と愛情のあらわれだと思うのです。そして、それを受けて育ったあなたの子どもは決してそのことを忘れているわけではありません。将来、生まれてくるであろう小さな命にそのすべてが注がれるのです。子育ては報われる（親⇅子）ものではなくて次の世代へとつながっていく（親↓子↓孫）ものなんですね。

最後に、子育てをしている世の中のお母さんはみんな大変ですが、子育てはどれも同じものではないですよね。だから、お母さんのやっている子育ては「特別」なことなのです。お母さんの感じている苦悩や大変さは全て「特別」であり、「他の人もやっているから」ということでディスカウントされるようなものでは決してありません。だからお母さん、あなたはすでによくやってらっしゃいます。

このメッセージが少しでも心を晴らすのに役立てばという気持ちを込めて。

（久持　修）

ワークライフバランス
内的世界への気づき
成人期・中年期

20「千と千尋の神隠し」を読み解く

内的世界への気づき
思春期・青年期

「千と千尋の神隠し」は、何を伝えようとしているのでしょうか。宮崎作品は、どれも謎が多い映画です。でも、心理（気持ち）に着目したら、いろいろな事実が散りばめられていることが見えてきます。事実の背景にある気持ちに焦点化すれば、また別の物語りが見えてくるものです。その点、映画も人生も、どう読み取るかで、異なった受け止め方、物語りを生きることができるかもしれません。

まず、千尋は、どんな家庭で育っていたのでしょうか、そこから読み解いてみましょう。家族関係については見過ごしそうですが、映画の最初あたりでかなり詳細に描かれているのです。カウンセリングでも、相談者の家族関係は重要であるので、特に大切に聴き取ります。同じように、千尋の家族関係について読んでみましょう。

この映画は花束から始まります。千尋は一束の花束をもって、車の後部座席に力なく横たわっています。前の席には、千尋の父と母。母親は、引っ越し先の家の位置を説明しますが、千尋はベロを出して拒否します。一束の花束を見ると友達も一人だったのでしょうか。千尋はこれ以上、引っ越ししたくないのです。その気持ちには父も母も気が付いていません。

あろうことか、父親は車で間違った細道に突っ込んでいきます。千尋が怖がっていることにも気が付かず。「大丈夫?」と妻も心配になっても、父親は「大丈夫、この車は四駆だから」と答えます。娘が怖がっているにも関わらず、父親は高級自動車であることを告げるのです。この家族におけるコミュニケーションのズレは深刻です。この家族は、千尋はいつも「蚊帳の外」なのでしょう。千尋が、違和感をもった周囲の世界の変貌に不安を伝えると、母親は冷たく「神様の祠《ほこら》よ」と告げる。

それは、事実かもしれません。でも、千尋の不安や怖さを何も感じ取ってくれてはいないのです。そのような家族のズレたコミュニケーションは続きます。このコミュニケーションが何万回も繰り返されてきたに違いありません。

父親は、トンネルの前に車を止めます。千尋は怖がっているにも関わらず、両親はスタスタと吸い込まれるようにその中に入っていくのです。千尋もまた、不思議な風におされてそのトンネルに入っていきました。怖いのでしがみつく千尋に、母親は「触らないで、べたべたしないで」と冷たく言い放つ。夫婦は、トンネルを抜けてしまう。トンネルを潜り抜けたら緑の空間が広がり、なだらかな丘を両親は登りながら、父親は、食べ物の臭いを嗅ぎ分けて「行ってみよう」と言い、母親は「気持ちがいいわ」と爽やかに言う。

当の千尋は、こわごわとした足取りで川の石を歩きわたってくる。両親の視野には千尋はいないのです。この家族は裕福なのでしょう。しかし、千尋はとても孤独に違いないのです。最初に、見せた千尋の顔は、まさにカオナシの顔と重なります。自分がないのです。受け入れてくれる場所がないのだから、自分を認められるはずがありません。もうすでに、千尋は、自分の名前を失っていたのかもしれない。登場するカオナ

内的世界への気づき
思春期・青年期

シは、千尋の中のカオナシなのかもしれない。カオナシの悲しみは、千尋の孤独に見えてきます。

登場人物の気持ちに焦点化したら、この家族の孤独が見えてきました。動物的な臭いにひかれて、両親はさらに足を進めます。周囲の立看板をよく見ると、肉やら死やら鬼やら、得体のしれない文字がならび、向かう世界が、気味悪い何かであることを暗示しています。

その時も、千尋は「怖いから、帰ろう」と言っています。しかし、両親には、それを聴く気持ちはさらさらない。この家族のコミュニケーションの姿は、現代の家族のあり方に通じるのかもしれません。現代的な豊かさは、何をもたらしたのでしょうか。

両親は、自分のことばかり、他の人への配慮などにはおかまいなしです。何もかも自分の都合で動くと幻想しています。自己中心的な印象を受けます。それは、お金さえ払えばよいという考えからも見えます。父親は、卑しくも、勝手に食べ物を口にする。「やめよう、お父さん」という千尋に、「お父さんは、クレジットカードもある」と説明するのです。母親も、誰の許可もなく、「千尋も食べなさい。おいしいわよ」と、肉に喰らいつきます。その時すでに、食べ方が動物化しているのです。

千尋は、両親と屋台の異様さからその場を逃げ出して、物語りの舞台である湯屋に近づきます。そして、美少年のハクと出会います。ハクもまた自分の名前を奪われています。

湯屋の橋をハクの導きで戻って、屋台に帰ったら、そこには、豚になった両親がいた。その豚は、両親のように見えるが、似ても似つかぬ卑しい豚になっていました。それを見て、千尋は逃げ出します。千尋にとっても、見る者にとっても、恐怖の場面です。両親が豚になってしまったら。でも、これまでの家族歴を丁

内的世界への気づき
思春期・青年期

寧に見てくると、両親が豚になった必然性が見えてきますね。

両親を豚のように思っていたのは、千尋自身であったのではないでしょうか。千尋の父母は、お金持ちであるが、お金でしか物事を考えられない。自己中心的で、卑しく、頭の悪いイメージ。千尋からすれば、愛情をもらえず、甘えても拒否されてしまう。父親の仕事の都合で、一方的に引っ越しをする。それは両親にとっては、当たり前のことであるかもしれません。千尋が、それをどう感じているのかに、何も配慮してくれないのです。

千尋にとって、両親は、きっと豚のようなイメージなのでしょう。両親は何者かに豚にされたのではなく、千尋が親を豚の如くに思っていたとはいえませんか。千尋の物語りの世界の中で、両親が豚として人格化したのでしょう。そのように見ると、カオナシをはじめ、湯婆婆、銭婆、坊などの登場人物もまた、千尋の中の眠る人格の一つひとつであるともとれます。湯婆婆は、千尋を縛り付ける「ねばならない」と迫る母親像。銭婆は、千尋の心のさらに奥に眠る、もう一人のあたたかい母親像とはとれないでしょうか。これらの二つの母親像は、統合されて初めて、千尋の中に、バランスの良い女性像が生まれるとはいえないでしょうか。千尋は、湯婆婆に、働かないものは石炭にしてやると言われ、片道切符でしかたどり着かないほど危険な、心の奥の場所に住んでいる銭婆に、等身大の自分を受け止めてもらいました。どちらも大切なことではないでしょうか。この物語りは、千尋のカオナシのような表情で始まりました。千尋は、自ら歩くこと、自らの意思で決めること、今を生きること、誰かのために生きることを学んだのです。カオナシ（千尋の自分の喪失）も、赤ちゃんの坊（千尋の中の幼児性）も、等身大で生きることが許される居場所を見つけました。

物語りの最後に、千尋は、並んだ豚の中に両親を選ぶことができたら、両親を助けてやると湯婆婆から難題を問われます。千尋は、迷うことなく、「そこに両親はいない」と答えます。それはなぜかと思いますか？ここまで読まれましたらもうお判りでしょう。

千尋は、思春期の心の旅の中で、両親を豚のように思わなくてよいほど、心が成長したからなのではないでしょうか。千尋は、愛のために生きること等、生きる上でとても大切な何かを得ることができました。千尋の心の中のカオナシは、自らの名前（アイデンティティ）を思い出したのです。

映画の主人公の気持ちに寄り添えば、表面的なお話とは、全く別の物語りが立ち上がってくることがわかりますね。きっと、私たちの人生という物語りも同じ。あなたの気持ちに焦点化して、その気持ちの流れを大切に大切にしてみたら、眠っていた別の物語りが読み取れるのかもしれません。生き生きと立ち上がってくるやもしれません。

（竹森元彦）

21 自由の枠組み

若手のあきら先生は、「子ども一人ひとりの個性を活かす教育がしたくて教員になった」という、ほんとうに子どものことが大好きな先生でした。どうしたら子どもたち一人ひとりの良いところを引き出すことができるだろうといつも考えていました。そんなある日のことです。あきら先生は、習字の時間に、「きょうは好きな字を好きな大きさの紙に書いてみよう」と、いろんな大きさの紙を用意してみました。

すると、いつもは落ち着きがなくて、静かにしないといけないときにも騒いでしまう……という形で個性を出していたケンくんは、キラリと目を光らせました。そして一番大きな紙をさらに二枚、張り合わせて巨大な紙面を作り（丁寧に貼り合わせてないので、ゆがんだ四角形になっていましたが、それも個性とあきら先生はそのまま見ていました）、筆を何回も重ねて、太くて大きな字で「すもう」と書いたのでした。

その作品からは取り組みの迫力も感じられるし、相撲取りの身体を表しているような丸々とした字には、ケンくんらしさも出ていました。ケンくんの隠れた能力と発想にびっくりして、あきら先生は「とてもおもしろいね！」と感嘆しました。作品をのぞき込んだクラスの他の子たちも、「すごいすごい」「面白いねー！」と盛り上がりました。

内的世界への気づき
思春期・青年期

しかし先生が型破りのケンくんの作品を「とてもおもしろい」と評価したことから、「好きなように」が拡大解釈されるようになってしまいました。墨を友だちのほっぺたにつけたり、半紙にマンガを描き出す子も出てきたのです。あきら先生は、「必ず字を書く」「紙の外には書かない」ことだけは絶対守るようにとクラスのみんなに言い渡しました。

ちゃんとした枠組みを設定して、それを見守ってくれる大人がいるほうが、子どもは守られたなかでの自由を味わうことができるのです。そうじゃなければ、自由はただの無秩序なエネルギーの放散になってしまい、そこでその子自身が自分で自分の力を自由にコントロールできているという喜びとは、また少し違うものになってしまいます。

先生が慌てて注意を付け加えなくてはならなくなっているようなクラスの様子を、優等生のリュウくんはその間ずっと静かに見ていました。他の子のように子どもっぽいわるふざけでハメをはずすこともなく、前に使ったお手本を清書していたのです。

それから一週間ほどたったある日の図画の時間のことでした。この日は、自由画に取り組むことになっていました。そのときのリュウくんの作品を見て、あきら先生は息が止まりそうになりました。彼は画用紙に真っ黒な絵の具で、丁寧に「殺」と一文字、大きく書いていたのです。

リュウくんはテーマを与えられた課題では、いつも質の高い作品を作るし、こんなふうに反応してくれると授業が進みやすくていいのになと思うような箇所では、思いきりツボを押さえてくれるようなありがたい子でした。子どもらしい発想が欲しいと思っているときには、まさにこちらが思う通りの「子どもらしい」発想をしてくれていたのです。

この子はいつも自分が喜びそうなことを察知して、それを提示していただけなのではなかったのか……。それを自分は単純にリュウくんの個性を引き出していると信じていただけなのではないだろうか。あきら先生は、いろいろと考え込んでしまいました。

リュウくんの気持ちを考えてみるとケンくんの意表をついた表現を先生が評価したことで、いったい何をどう書けば先生の要求にこたえることになるのかがわからなくなったのでしょう。「こうでなくてはならない」などとこだわらずに子どもたちに接していこうとした先生の開かれた態度が、リュウくんの心の成長のボタンを押すことになったのだと思います。そして彼は絵の時間なのに字を——しかも「殺」などという字を——書くという、場にそぐわないインパクトの強い形で、一週間前の習字の課題の答えを出してきたのです。深読みをすると、今までは自分自身を「殺」していたのだ、という表現なのかもしれません。

「自分」というものを自覚し、自我が生まれてくるときには、リュウくんのようにそれまでの表面的な適応が一時的に崩れることも多いものです。フォーマットが決まっているコール&レスポンスのような予定調和が破られるときが、成長のポイントになっている子どももいるのです。

（岩宮恵子）

22 こころの成長の節目

子どもの成長の節目というと、七五三だの入学式だのと何か晴れがましい行事が頭に浮かびますよね。しかし子どものこころの成長の節目というのは、ものごとがスムーズにいかなくなる時なんです。何もひっかかりがなかったところに、ごつりとした節目が出現すると、本人も周囲もとまどうことが多いものです。

あいさんは小学校2年生です。明るく楽しく学校に通っていたのですが、ある日突然、「ショウくんのことが嫌だから学校に行くのがやだ」と、毎朝ぐずるようになってきました。教室でショウくんがときどき自分のことをじっと見ているのが気持ち悪いと言うのです。

実はショウくんは学年一かっこいいと評判の男子で、あいさんも家でうきうきと彼がこんなことした、あんなことしたと話題にしていたこともありました。そのため、これはショウくんのことを意識しているなと感じたお母さんが、「もしかしてショウくんはあなたのこと好きなんじゃないの?」と微笑ましい話としてあいさんに問いかけたのです。するとあいさんは烈火の如く怒りだし「そんなわけないじゃん! ほんとうにもう見られるだけで胸が苦しくなるくらい嫌なんだから! お母さんの馬鹿!」と泣き叫んだのです。

だ・か・ら、その胸の苦しさが異性を意識するということなのだよ、とあいさんには伝えたいところです

内的世界への気づき
思春期・青年期

が、到底、そのような考えを受け入れることなど、今のあいさんにはできないでしょう。

最近は、幼稚園児が「恋バナ」をすることも当たり前で、「○○くんと結婚する」「チューしたい」「かっこいいから好き」という無邪気なんだか、ませてるんだかよくわからないような言葉も良く耳にします。しかし、成長のなかでほんとうに異性として相手を意識したときには、そんな軽く華やかな雰囲気に彩られたものではなく、強烈なとまどいとして襲ってくることもあるのです。

このあいさんのように、低学年でありながら思春期並の意識をもつ子と出会うことも最近増えてきました。いくつになっても精神年齢が幼い子たちが増えている一方で、極端に早く思春期の意識をもつ子も存在しています。あいさんの体験は、子どもとしての平穏な世界に、急に気持ちの悪い怪物が侵入してきたような感じなのだと思います。穏やかで楽しい日常がまったく変わってしまうようなこの侵入は、軽い恋バナで話題にできるものとはまったく別物なのです。恋バナという、うきうきとした光に満ちた世界の裏側には、自分のこころのコントロールを乱す恐ろしい侵入体験という、影の世界もしっかり存在しているのです。光の体験がメインになる人もいれば、影の体験のほうに圧倒される人もいるのです。影の体験がメインになる人にとっては、あいさんのように自分の方が好ましいと思っているはずなのに、そのように自分のこころを縛られるネガの体験のほうがクローズアップされ、相手の視線を危険で不気味な侵入と感じてこころの警報が大きく鳴り響くのです。

このあいさんは年齢的にかなり早かったため、より極端な出方をしているのですが、一般的に思春期の女子は、臆面もなく（と周囲にはわかるほど）好き好き光線を視線や態度で発していながら、相手の気持ちが自分に向いた瞬間に、それを侵入と感じ、嫌悪に転じて拒絶することがあります。そのような理不尽な体験をされた男子、読者のなかにおられませんか。女の子から告られたから、何となくオッケーしたのに、その後、意味不明に徹底的に避けられてしまって少年ごころに傷を追った人もおられるのではないでしょうか。男子にとっても、恋愛感情という「侵入」を他者から受ける体験とともに、よくわからないうちに今度はその侵入者に拒絶されるという混乱が、子どもとしての「意識」が変わるきっかけになることもあるのです。

「意識」が変化する「節目」には、気持ちにも日常生活にも波風が立つことは避けられません。こんな苦しい体験などせずに、平穏な日々がずっと続けばいいのにと思うのですが、こころの成長痛は痛みの強さの個人差はあるものの、どうしても起こってくるものです。

一見、マイナスの出来事のように思えることが、成長の大事な節目になっているのだと思いながら、不機嫌をまき散らす思春期の子が言葉にせずに味わっている成長痛のありようを考えてみることも、思春期を支える大事な応援になると思います。

（岩宮恵子）

23 大人がモニターになる

子どもがほんとうの意味でリラックスできるのはどういう場所なのでしょう。思い通りがすべて許される場所でしょうか。いや、わがまま放題を許されている子がどこか幸せそうではないことからもわかるように、どうもそういうわけではないようです。

メイさんは小四の女の子です。ふと目が合った購買のおばちゃんがにっこりと自分に笑いかけてくれた瞬間から、彼女は購買のおばちゃんが自分を受け入れてくれているように感じて、購買が開く日にはおばちゃんに会いに行くようになりました。そして、学校の行事のことや、担任の先生が授業中に話してくれたことや、男子がふざけておかしなことを言ったことなど、いわゆる「ふつうの雑談」をおばちゃんとするようになっていったのです。用事があるから話すのは、事務連絡ですが、用事もないのに何か話すという「雑談」こそ、人間関係を円滑にする大事なエッセンスです。

そのうち、ひとりふたりと購買前に集う子たちができてきました。購買の前の廊下に休憩時間にたむろしてみんなで話をしていると、おばちゃんが笑顔でチャチャを入れてくれるのです。メイさんは、自分が見つけた購買のおばちゃんとのこの場所と雰囲気を、他の子たちもいいと思って入ってきてくれるのが嬉しくてたまりませんでした。おばちゃんを独り占めしたいという気持ちよりも、ここでなら安心して子ども同士で

内的世界への気づき
思春期・青年期
哲学的対応

も話せるという気持ちのほうがずっと強かったのです。

さて、メイさんにとっての購買のおばちゃんのように、家族や担任の先生以外に、自分に日常的に笑顔を向けてくれる大人がいるということは、それだけで、子どもにとって大きな救いになります。自分に向けられるいつも変わらない笑顔を、子どもは信頼に置き換えます。そして自分にとって信頼できる大人の前で、子どもたち同士で好き勝手に話をするというのは、ほんとうに気が休まることなのです。購買のおばちゃんは何でも話をきいてくれるのですが、誰かが悪口を言い出すと「あ、それは言い過ぎだなあ」「それ以上は言っちゃダメなことだよ」と、言葉を挟んでくれるのです。

子どもは、自分が言ったりしたりしてもいい範囲を知るため、見守ってくれている大人がいる場所で、ここまでは大丈夫、じゃあもうちょっと言ってもこの場では許されるのかなと、半分意識的にそして半分は無意識的にためすことがあります。そしてどこまでが許される範囲なのかを、愛情を込めて指摘してくれる大人をとても求めているのです。

大人がいると、意地悪が起きにくいという抑止力を期待しているのも確かでしょうが、それと同時に、自分の表現が他者に対してどういう影響を与えているのかというモニターを、信頼できる大人に代わりにしてほしいという気持ちもあるのです。自分の言動が「やり過ぎ」なのか、笑って見過ごしてもらえる範囲のことなのか、大人がそのモニターをちゃんとしてくれているという安心感があるとき、子どもは本当の意味でリラックスできるのです。

そこにいる信頼できる大人に指摘されない限りは、自分のしていることは大丈夫なのだという守られた感覚に恵まれるというのが、子ども時代の醍醐味なのです。その体験を通じて、自分の振る舞いを考えたり、場によってそれが違ってくることもわかってきたり……と、子どもの成長は促されるのだと思います。

（岩宮恵子）

24 犬と子どもと自然と

子どもは大人よりもずっと「自然」に近い存在です。そして「自然」に近いということは、「動物」に近いということだと言うこともできるでしょう。

さて、うちではアクビという名の雑種の犬を飼っていました。アクビの正確な年齢はよくわかりません。保健所から引き取った犬だからです。その時に動物のお医者さんに見てもらった感じだと、だいたい三歳くらいじゃないだろうかということでした。

うちの家は、京都の町屋のように、入り口が狭くうなぎの寝床のように奥に長い構造になっており、隣の家とはぴったり壁がくっついています。そして二カ所、坪庭があるのですが、そのやや広めのほうの庭でアクビを放し飼いにしていました。

保健所に収容されているところから救われたということをどこかで理解して恩義に感じていたのか、「うちは近所が近いから静かにしていてね」と目を見て丁寧に頼んだからか、アクビはまったく吠えない犬でした。お座りも伏せもすぐに覚え、呼ぶと喜んで飛んでくるし、撫でてやると嬉しそうにしっぽを振ります。いわゆる問題行動が一切ない、本当に穏やかで、こころが通じる犬だったのです。

そのアクビがうちに来て、八年ほどたったときのことでした。家を大々的にリフォームすることになったため、今までアクビの居場所だった庭は資材置き場になり、小さいほうの坪庭に犬小屋とともに移動することになったのです。いくら狭い庭とは言え、鎖につないでいるわけでもないし、自由に散策する広さはあります。工事現場とは近いのですが、他にアクビが過ごせる場所もないし、まあそれほど問題はないだろうとたかをくくっていました。

ところが工事が始まり、大きな音が日常的にするようになったころからアクビの様子がおかしくなってきたのです。呼びかけても無視をするし、何かに怯えたように何もない空間に向けて吠え続けるのです。挙げ句、工事現場と庭を隔てていたシートを噛みきり、夜中に逃げ出してしまいました（工事の人からも、このシートはそんなに簡単に破れるものじゃないのにと、驚かれました）。青ざめた私は、保健所にも警察にも届け、犬と散歩をしている人たちに片っ端から声をかけ、アクビの写真を見せては必死で聞き込みをしました。結局、三日目にお腹をすかせて、玄関に出していたご飯を食べに帰ってきときには、どれだけ、ほっとしたことでしょう……！

深夜徘徊と家出はできないように、本格的に壁で囲って完全封鎖してもらったのですが、前足で壁をパンチし続けるという、足が真っ赤になるほどの流血自傷行為や、優しくしてくれる工事の人たちに吠えかかるなど、問題行動は収まりません。仕事から帰ると、ずっと撫でてやったり、朝も早起きをして一緒にいたりと、関わりの時間を増やして必死で対応していたのですが、その時間だけは大丈夫なものの、改善はみられませんでした。現場監督をしていた方からも、「大人しい、いい犬だったのに、顔つきが変わってしまいましたね……」と申し訳なさそうに言われたりしました。

このように自傷行為は激しさを増し、暴言（無駄吠え）と家庭内暴力（犬小屋もひっくり返しました。すごい力にびっくりしました）は止まらなかったのです。

ところが、数カ月に渡る工事が終わり、人の出入りがなくなって、大きな物音もしなくなると、すーっと、もとのアクビに戻っていきました。あんなことがあったなんてまったく思えないような平穏な日々がまた戻ってきたのです。アクビがのんびりと楽そうにしているのにほっとしながらも、もしかしたらアクビが保健所につれていかれていたのは、以前の飼い主のもとで何らかの環境の変化があって問題行動が多発し、対応しきれなくなったからかもしれないなと思いました。

子どもも犬も、大人と違って自分で生活環境を選んだり整えたりすることはできません。もちろん犬と子どもを一緒に考えることはできないのですが、あれほど分別があって、ものが分かっていた「いい犬」が、「いい犬」で居つづけるためには、生活する環境が自分にフィットしていることが何よりも大事だったのは確かだと思います（飼い主の愛情では補いきれないものがあるのを痛感しました）。

存在の在り方が「自然」に近いということは、自分であれこれ取りつくろって防御できないだけに、環境の影響をそのまま受けやすいということでもあります。どんなに周囲の大人からの愛情があったとしても、その「環境」が子どもの資質と合っていないときには、びっくりするような不適応が出現する可能性もあるんだよな……と、穏やかになったアクビを撫でながら、しみじみ感じた出来事でした。

（岩宮恵子）

やばいとき

25 失敗とのつきあい方

人生に失敗はつきものです。人は失敗なしに成長しないとすら思います。先日、テレビを見ていたら、あるアーティストがこんなことを言っていました。

日本では大学を出た人でも英語をしゃべれない。何年もかけて英語を習っているにもかかわらず。なぜそうなるかというと、日本では英語はテストであり、「間違えない」ように教えられるからだ。だから、日本人は間違えたら怖いという恐怖心がある。しかし、英語は間違えながら身につけていくものである。英語をしゃべれるようになるためには、間違える力が必要なのだ。

「なるほどなあ」と思わされますよね。学生時代に一生懸命勉強していたのは、「テストで間違えないように」するためであり、その努力の積み重ねの結果、間違えることを恐れるようになり、そして今も英語をしゃべれない私がいる、と。

このように、人が成長するには間違えることや失敗することが必要です。間違えることや失敗することをもっと前向きにとらえていく必要があると思います。このことは、あのエジソンの逸話からも支持されますよね。エジソンは、電球を発明するまでの間、実験の失敗を繰り返し、その数、一万回にもなったそうです。

心理的柔軟性

急性的ストレス

コーピングスキル

そして、「一万回も失敗して、苦労しましたね」と言われたときにエジソンは「失敗ではない。うまくいかない方法を一万通り発見しただけだ」と答えたそうです。失敗したと思われた一万回の実験は、全て一回の成功につながっているということだったのです。確かに、一つ一つの実験に「失敗した」と思っていたら、一万回も失敗する前に挫折してしまっていたことでしょう。エジソンは「失敗を失敗とも思わない」姿勢で実験にのぞみ、大成功をおさめたのです。

エジソンの逸話から振り返ってみると、私自身にも似たようなことがあります（もちろん、エジソンほどではありませんが）。大学受験に失敗して浪人をしたことがあり、当初は「人生最大の汚点だ」というくらい思い悩んでおり、辛い一年間を過ごしました。でも、今となっては当時の経験は非常に貴重だったと思っているし、当時出会った仲間とのつながりも今でも続いており、まさにかけがえのない時間となりました。

その時の経験は、まるでオセロのようでした。浪人生活を経て、大学受験に合格した瞬間に、その一年間の全てがひっくり返ったような感じです。このようなことは大なり小なり、多くの方に経験されることでしょう。「この失敗は、未来の成功につながっている。そして、未来の成功によりこの失敗は全てひっくり返って成功の賜物となる」このように期待して失敗とつきあってみるのがよりよく生きる秘訣なのかもしれません。

では、「取り返しのつかない失敗」をしてしまったらどうでしょう？　例えば、甲子園（高校野球）の試合においてあとアウト一つで勝利が決まる場面で、一塁手がベースを踏まずにアウトにできず、その後逆転を許し負けてしまった試合がありました。その時の一塁手は悔やんでも悔やみきれない思いだったことでしょう。あなただったら、交通事故を起こして相手に後遺症が残るようなけがを負わせてしまったらどうでしょうか？　このような失敗をしてしまったら、さすがに「人の成長に失敗は必要」とは思えないでしょう。しかし、悔やんでも現実は変わりません。それでも悔やまずにはいられず、苦しみ続けるのではないでしょうか？

このような時に全てを解決する魔法のような方法はありませんが、私がおすすめするのは、その時の自分を写真に撮っておくことです。なぜ写真に撮っておくと良いのかを説明するために、まずはこの絵をご覧ください。この絵は、ご存知の方も多いと思いますが、徳川家康を描いたものです（図）。

徳川家康と武田信玄が戦った時に、当時まだ若かった徳川家康が武田信玄の挑発にのり、城を飛び出して戦いを挑んだところ、完膚なきまでに叩きのめされ、有能な部下を何人も失い、自身も命からがら城へ逃げかえるという、取り返しのつかない大失敗を犯してしまったのです（三方ケ原の戦い）。この戦いの直後、家康は自身の姿を絵師に描かせ、慢心の自戒として生涯手元に置いていたということが伝わっています。この絵を見てみると、顔をしかめて、実に苦々しい表情をしていますよね。

徳川家康の凄いところは、普通だったらそんな大失敗のことなんてできれば忘れてしまいたいところを、あえて思い出す（自戒する）ために、自身の姿を絵に残したところです。よく考えてみると、こんな大失敗は忘れてしまいたいと思っても、勝手に思い出されてくるものです。だったらあえて思い出すようにした方が、思い出した時の苦痛は少なくなるのかもしれません。それに、あえて思い出した時の方が、勝手に思い出された時よりも、冷静に受け止めることができると思います。だから失敗が未来に活かされやすくもなる

心理的柔軟性

急性的ストレス

コーピングスキル

徳川家康三方ヶ原戦役画像

のだと思います。

　というわけで、取り返しのつかない失敗をしてしまったら、自身の写真を撮ってみましょう。その際に、人に迷惑をかけてしまったのであれば、「一生かけて償います」という気持ちを込めてレンズを眺めます。そして、「二度とこんな過ちは犯さないぞ、未来の自分、よく覚えておけよ」と心の中で唱え、シャッターを押してもらいます。そして、その写真をプリントアウトし、財布や手帳などに挟んで、いつも持ち歩きましょう。かつて徳川家康がそうしていたように。

（久持　修）

26 「話す」ことはなぜ心によいのか？

コミュニケーション
カウンセリング
内的世界への気づき

私は、「カウンセリングって、本当に効果があるの？」と尋ねられることがあります。「ストレス発散するためには、お酒を飲んだり、遊ぶ方がよい」と、働き盛りのお父さんたちがおっしゃります。確かに「無理をしないで、がんばらないで」と言われても、生活のために無理しないといけないし、がんばらないといけない。霞を食べては生きられない。

私は、そのような悲痛な声を聴きながら、「話すことで、自分の気持ちの状態をよく気づくことが大切なのです。話をすると少し冷静に自分を見ることができます。〝話す〟とは、いったん〝放す〟ことなのです」とお答えすることがあります。

カウンセリングは、日常生活とは離れた相談室で話をしますが、日常生活と無関係ではありません。日常と離れているからこそ、日常の関係性に邪魔されずに、より深い核心を話すことができます。本当に話したいことを、安心して話せることが大切です。心の奥の感情まで手が届けば、本当の自分の気持ちに気が付くことができます。しかし、職場で「悩み」は話しにくいものです。「みんながんばっている」と一笑されてしまいそうです。

最初は、誰もが「話す」ことに対して臆病です。本当のことを話すには勇気がいるものです。そんな臆病さを受け入れてくれる聴き手の人間的なあたたかさがまず大切です。相談とは、死や病、怒や悲に関するものが多いものです。こんな苦しい話をしてわかってくれるのか、嫌われてしまうのかと不安になるのは当然です。

ある相談者が「実は、会社で上司と上手くいっていないのです」と訴えを語り始めました。カウンセラーは「そうなのですね、上司と上手くいっていないことに悩んでおられる」と受け止めます。深い亀裂が、相談者の中にあることを予見します。

「そうなのです。朝、会社に行きたくないこともあって」

「会社に行きたくないこともあるのですね。これまでの経緯を教えて下さいますか?」

私は、「どんなことがあったのだろう。この人の成育歴は? 会社での人間関係とは?」と心の中で呟きます。彼のそうならざるを得なかった人生に積極的に関心を持つのです。彼が語れば語るほど、彼の悩みが立体的に見え始めます。彼の苦しみは主観的なもので、他者からすれば気にするほどでもないととられるかもしれませんが、彼にとっては、紛れもない事実なのです。

カウンセラーは、正しい答えを出すものではありません。相談者の気持ちに寄り添って、相談者が気持ちを話しやすくなるように、そっと、言葉や心に寄り添っています。どうでしょう。もっと話をしたくなりますね。話せば話すほど、こんがらがった糸が少しずつ解けてくることがわかります。

カウンセラーは、相談者の抱えている気持ちを言葉として返します。だから、相談者は、カウンセラーの言葉を受け取った瞬間に、「そうだ、そういう気持ちだ」と、自分の気持ちにはっと気付くのです。カウンセラーが、相談者の気持ちを丁寧に返してくれるから、相談者は自分の気持ちに気づくことができます。

例えば、職場で仕事の悩みを言っても「愚痴に過ぎない。言っても、仕方のないこと」と切り捨てられがちです。その語られなかった悲しみや苦しみは、心のどこかに「感じないように」して折り重なる。そのような蓋をしてきた感情について語ることは、心のバランスが崩れてしまう不安や恐怖を伴うものです。安心して話すためには、支えてくれる安全な信頼できる誰かが必要です。それは、家族であっても、友達であってもよいのです。

思い付いたことを話しているうちに、自分の中に抑えてきた気持ちに気が付きます。「あー、こんな風に考えてきたんだ」と、自分の気持ちを感じます。

相談者は、挫折や絶望の悩みに心がひどく混乱しています。聴き手が、その混乱を混乱のままに話を聴くうちに、少しずつですが、その混乱が整理されてきます。

話すことは、それが例え絶望的な話であったとしても、それを聴き手が傾聴してくれたら、不思議と、その絶望感は和らいできます。話をしているうちに、混乱した自分を受け入れ始め、時には、笑顔さえも見えるようになります。

「絶望」を受け止めてもらう時、少しだけ「希望」が生まれるのです。前の自分とは少しだけ違った自分に気が付きます。

（竹森元彦）

27 リスクに備えるとは幅を広げること

今の世の中、リスク（危機）社会だと言われます。この先日本の人口は急激に減っていきます。これまで、僕たちが住む社会を動かしていた仕組みは、どれも一定の人口維持や人口増加を前提につくられているものばかりです。だとすれば、これからの社会は、これまでの仕組みでうまく回らなくなる可能性が大きいということになります。

リスクに備えるには、どうすればよいのでしょうか。一つだけハッキリしているのは、「これをすれば、絶対にリスクを避けることができる」という処方箋はないということです。だって、何が起こるかわからないからこその「リスク」なのですから。だとすれば、どのような状況に陥っても適応できるように「幅を広げること」が、リスクに備えるもっとも合理的な対応ということになります。

たとえば、体を動かすのが趣味で、スポーツが自分の生きがいという人がいたとします。だけど、事故や病気で体が動かせなくなってしまったら、その人から生きがいは一瞬にして奪われてしまいます。こんな時、体を動かさなくても楽しめる趣味を持っておくと、生きがいが奪われることはありません。これこそ、「幅」です。そんなにたいそうな話ではないですね。

考えについても同じことが言えます。考えの幅が広いのと狭いのとでは、どちらの考えがより健やかでしょうか。それは、もちろん考えの幅が広い時です。「自分はダメなところもあれば、イイところもある」という幅の広い考えと、「自分はダメだ」という幅の狭い考えでは、どちらがつらいかは明白ですね。考えの幅が狭いというのは、別の言い方をすればそこだけしか見えていないということです。いわゆる「視野狭窄」を起こしているのです。視野狭窄から生まれた考えは、事態を悪くすることの方が圧倒的に多い。あなたもきっと、そんな経験をお持ちだろうと思います。

大学の在り方について、政財界から「文系を縮小して、理系を増やした方がよい」と、よく言われます。これは、「すぐ役に立たない文系なんか無くして、今すぐ役立つ理系を優遇した方がよい」という考えに基づいた意見です。だけど、理系が担う領域と文系が担う領域は、そもそも根本的に違います。理系は、ゴールにたどり着くためにもっとも合理的な方法は何かを導き出そうとします。それに対して文系では、そもそも人にとってのゴールとは何か、そこにはどのような意味があるのかを考えようとします。理系ばかりを重視するのは、「今」にしか目が向けられていないという点で偏っています（そもそも、大事な意思決定を行う政財界の人たちが、こんな近視眼的な視点で物事を考えることがリスクなのですが……）。今に適用可能なものが、将来同じように通用する保証はどこにもありません。そうした意味で、文系も理系もどちらも大切なのです。これも、「幅」ですね。

そう考えると、いろんな価値観を持った人がいるというのが、リスクに対応するために不可欠なのがわかります。意見が分かれた時、「同じ考えの人たちばかりだと、物事がもっとうまく進むのに」と思うことがあ

コミュニケーション

心理的柔軟性

行動レパートリー

ります。それは一見合理的に見えるのですが、同じ考えの人ばかり集まると、その考えで対応できない事態に陥った時に、その集団は「万事休す」なわけです。なので、どんなに大変でも、どんなにギクシャクしても、意見が分かれるというのはとても大切なことなのです。いろんな価値観を持った人がいた方が、大きなリスクに陥った時に、その状況を乗り越える可能性が高まるのです。これも、「幅」です。

リスクに備えるには、幅を広げることが大事だということが納得していただけましたか。だとすれば、この先の人生でいかに幅を広げるかが、リスクに備える鍵となります。なーんて聞くと、「なんかたいそうなことをしないといけないのか」と身構えてしまいそうですが、そんなことしなくて構いません。たとえば、スポーツが生きがいだったその人が、今までほとんど利用したことがない温泉に行ってみる。そして、「気持ちええなぁ」と思って、温泉通いが趣味のレパートリーに加わると、体が十分に動かせなくなっても温泉を楽しむことはできます。自分と違う考えを持つ人の意見を、おもしろがって聞くことも、幅をもたらします。そんなふうに、馴染みのあるものとは違うものを味わってみようとするだけで、無理せず幅を広げることができます。

だけど、一人の人間があらゆる危機に対応するだけの幅を広げるなんて不可能です。でも、みんなとなら可能です。人には、得意不得意があります。得意なことは、自分を豊かにするだけではなく、世の中に益するチカラもあります。走るのが速い人は、危険が迫った時に助けを呼びに行くことができます。力持ちの人は、一人で背負いきれない重い物を持ってあげることができます。のどが自慢の人は、歌声で人々を勇気づけたり癒したりすることができます。

そんなふうに、リスクにみんなで立ち向かうための「幅」として、人にはそれぞれ違う得意が与えられているのではないでしょうか。だとすれば、リスクに備えるために一番大事なことは、日頃からいろんな人との関係を大切にすること、必要があれば自分の得意を集団に届けることだといえるかもしれませんね。

（竹田伸也）

28 孤独な人をみつける

いかにも趣味の悪い、意地悪な方法のように思えるかもしれません。さみしい孤独な人を見つけて笑ったりバカにしたり、そんなことを紹介するつもりは全くありませんので、どうぞタイトルだけで判断せずに読んでみてください。

普段皆さんがつらい気持ちになったり、悩んだりする時は、どのような時でしょうか。誤解を恐れずに思い切って言ってみますと、人の悩みは3つに分かれると言っても大外れはしないように思います。まず一つ目は、3種類の悩みの中では最も深刻で根本的な悩みです。それは「身の安全」に関することです。誰かがあなたを攻撃してきてとても怖い思いをしている時、あなたの安心できる時間や場所、人間関係が、誰かによって奪われている時などです。このように自分の身の安全が脅かされる場合には、今から私が書くことは役に立たないのではないかと思います。まずは身の安全を確保するために動くことが必要だからです。

2つ目は、人から「認められたい」という気持ちに関することです。人が自分のことを悪く思っているのではないか、もしもバカだと思われたらどうしよう、賢くみられたい、やっぱり役立たずだなぁなんて思われたくない。こうした悩みは、すべてこの2番目の悩みの中に入ります。こうした悩みについても、今からお話しする方法は、あまり役に立たないと思います。

この2種類の悩みに役に立たないとすると、一体何の役に立つのか？　他にどんな悩みがあるというのか？と思われるかもしれませんね。でももう一つ、人が抱えやすい悩みの大きな領域があるのです。もうタイトルでネタバレしてしまっていますが、「孤独」です。1つ目、2つ目の悩みと重なる部分もありますが、「私の気持ちは誰もわかってくれない」「こんな思いをしているのは、きっと自分だけなんだ」「自分の思っていることを話したら、みんなおかしいと思うに違いない」などの悩みです。ここでは、こうした悩みを総称して「孤独」と名付けているのです。多かれ少なかれ、どなたもこうした「孤独」の悩みを持っているのではないかとも思います。

先に結論を言ってしまうと、「孤独」という悩みから抜け出すには、自分と同じように孤独な人（もしくは、かつて孤独を経験した人）を見つけるという方法が一番役に立つということです。孤独から抜け出すために一番役に立つのは、自分が「自分だけに違いない」と思っていることが、「自分だけじゃなかったんだ！」と思えるようになることです。そうした時に、人は孤独ではなくなります。そのためには、自分と同じ悩みを抱えている人と出会う必要があります。きっと皆さんにも経験があるだろうと思います。例えば十代の頃でしょうか、あなたの心の中で密かに思っていたことを、小説や映画の主人公のセリフや歌の歌詞などで発見したことはありませんでしたか。「あー！　この人の言ってること、自分にはわかる」とか「この人も自分と同じだ！　自分と同じ種類の人間がいたなんて！」などという衝撃と共に、その発見をしたのではないかと思います。そうした人物や作品には、入れ込んで当然だと思います。自分が思っていてもとても言葉にできないようなこと、あるいはぼんやりと考えてはいたけれど言葉にならなかったこと、誰とも分かち合ったことのない（分かち合えるとも思えなかった）ようなことを、共有できる人が、この世の中にいることがわかった訳ですから、その喜びはとても大きなものだろうと思います。

しかし孤独から抜け出すことは、決して簡単なことではありません。たまたま小説や音楽や映画などの芸術作品の中に自分と同じような人物を見つけて、勇気をもらったり、ヒントをもらったりすることができればよいのですが、たくさんある作品、情報の中から、自分にぴったりのものになかなか出会えるわけではありません。ドキュメンタリー番組の中で、自分と似たような境遇の人をみつけるということもあるでしょうが、いかんせん遠い存在であったりもします。

そこで身の回りで「孤独な人をみつける」ためにできることを考えてみましょう。まずは身の回りの人たちをよくみてみることでしょう。たとえ幸せそうにみえる人、いつも仲間の中にいて明るく楽しくしている人であったとしても、家に帰って一人になると、孤独感を抱いていることは珍しくはありません。ふとした瞬間の表情や立ち振る舞い、言葉の端々に「ああ、この人も孤独なんだな」と思える瞬間があるかもしれません。その人の働き方全体や生活スタイル全体を考えてみれば、きっと孤独なのだろうと想像できることもあります。そうして「孤独」と共にいる人をみつけることができたら、その方に親近感がわくでしょうし、あなたも少し安心できるでしょう。そうして周りの人を見渡してみると、いかがでしょうか。もしかすると、孤独ではない人なんていないかもしれません。

また、言葉で確かめることで「自分だけじゃなかったんだ」と思える場合があります。しかし当然「私はこんなことで悩んでるんだけど、あなたは？」といきなり聞くわけにはいきませんし、「あなたも孤独なの？」と聞くわけにはいきません。聞いたところで気持ちが楽になるような体験には繋がりにくいでしょう。もし言葉で確かめたいと思われるのでしたら、ゆっくりと、ご自分のことを話すことが必要です。その時に自分の話が伝わらなかったら、孤独感がより深まります。「やっぱり私の感覚は変なんだ」とか、「誰も私のことをわかってくれない」となります。そんな時も、ゆっくりと、時間をかけて、根気強く話すこと、わかってくれる人を見つけようとすることが大切です。

（金子周平）

からだの具合

㉙身体の使い方を工夫して心を整える

街に出かけて、道行く人を観察してみると、その人の気持ちや状態などがなんとなくわかるものです。少し大雑把に言ってしまえば、元気いっぱいの人はそれらしい姿をしているし、逆に元気がない人は元気のなさそうな姿をしています。心の状態が身体に表れるということなのでしょう。言い方を変えれば、「心と身体はつながっている」ということです。

悩んだりストレスを受けたりしている時に、そのことを解決することが難しいということはよくあることですよね。いくら努力しても解決せず、事態が変わらないことも多いです。そうすると、気分がますます落ち込んだり、ストレスになったりします。

心のことや現実問題を変えていくことはなかなか難しいですが、身体の使い方を変えるのは簡単にできることです。ここでは、身体の使い方を工夫して心を整えるためのいくつかの方法を紹介します。

◆気持ちが晴れない→胸をはる

人が落ち込んだ時には、背中が曲がり、頭がうなだれるような姿勢になります。一言でいうと「肩を落とす」姿勢になるのです。もし、これを読んでいるあなたが今、それほど落ち込んでいない状態なら、試しにこの姿勢をとってみてください。そして、目を閉じて大きく息を吐きだして（ため息をついて）みてください。特に落ち込むようなことがなかったとしても、落ち込んだ人がとる格好をするだけで気持ちが沈んでいくものです。

逆にあなたが今、落ち込んだ状態にあるなら、胸をはって目を見開き、うなずくように顔を数回動かしながら、「よし！」「大丈夫！」と力強く言ってみてください。かなり落ち込んでいる時は効果がないかもしれませんが、少し力が湧いてくるものです。ちょっとしたおまじないみたいなものとして活用してみてください。

◆自信がない→大地に自分の体重をのせて立つ

自信のない人は、歩き方に特徴が出ます。まるで宙をふわふわ浮いているかのように歩きます。逆に自信満々な人は、一歩一歩自分の体重を地面にしっかりのせて歩きます。

自信のない人は、まずは自分の立つ姿勢から見直してみましょう。立った状態で真っすぐ前を向きます。そして、足の裏に意識を向け、（足の裏は地面につけたまま）足首を中心にして前後に身体を傾けてみます。すると、その動きに合わせて足の裏への体重のかかり方が変化してくるはずです（前傾すればつま先に体重がかかり、後ろに戻せばかかとに体重がかかる）。この変化を感じながら、できるだけ足全体で体重をキャッチできるようなポイントを探ります。ある程度そのポイントが見つかったら、今度は膝・腰・肩・頭などを微妙に動かしながら体重が足に一番乗っかるようなポイントを探します。（ここから先は「できれば」で結構です）ポイントがある程度決まったら、今度は頭のてっぺんに意識を持っていき、そこから一本の芯を通して地面に刺すようなイメージを持ちます。これで立つ姿勢の完成です！

立つ姿勢がある程度決まったら、その姿勢から歩きます。その際に、足の裏に意識を向けて、足全体でしっかりと地面を踏んでいる感触を確かめます。最初はグラグラしたり、足の裏に体重がうまく乗らないことが多いかと思いますが、繰り返していると安定してきます。安定して歩けるようになるころには自信が少し回復しているかもしれませんよ。

◆意欲がわかない→好きなものを手に取り鑑賞してみる

赤ちゃんは生まれて、ハイハイができるようになってくると、色んなものに興味をしめすようになり、興味のあるものに手を伸ばして遊ぶようになります。人の意欲のはじまりはここにあるように思います。つまり、人の意欲は「モノを手に取る」ということから始まっているのです。

意欲がわかない人は、自分が好きなものを手に取って鑑賞してみることをおすすめします。好きなものとして、趣味で集めているもの（フィギュアなど）があればもちろんそれで良いのですが、「特に鑑賞するものは持ち合わせていない」という人もいると思います。そういう人は、別に特別に好きなものでなくても良いです。毎日使っている食器などを鑑賞しても良いですし、野菜や果物などの食物でも結構です。

ちょうど今、私の自宅にリンゴがありますので、試しにやってみましょう（しばし実況中継におつきあい

行動レパートリー

急性的ストレス

コーピングスキル

下さい)。リンゴの入った箱から1つのリンゴを取り出します。取り上げてみると、指にひんやりとした温度が伝わってきて、そしてリンゴ特有のツヤツヤした感触や少しザラっとした感触が指に感じられます。そして、顔に近づけてみると、プーンと甘い香りが鼻を刺激しました。手に取ってリンゴを回転させながら眺めてみると、「リンゴって全然まん丸じゃないんだ」と気づかされます。そして、色合いも均一ではなく、赤い色の濃いところとやや薄くなっているところがあります。ここまで観察したら、私の口の中が唾液で溢れてきました。なので、リンゴを食べることにしました。リンゴを軽く洗って「どこをかじるのが一番おいしいだろうか?」という気持ちでリンゴを回転させてそのポイントを探してみます。「ここだ!」というところが見つかったので、そこにかじりつきました。かじったところからリンゴの果汁がこぼれるほどジューシーです。酸味はほとんどなく、口の中に爽やかな香りが広がりました。そして、これから書き上げなければならない原稿のことを忘れ、リンゴを食すのに夢中になってしまいました。

このように、リンゴを手に取ってじっくりと鑑賞するにしたがって、リンゴに対する興味が増し、リンゴを食べたいという欲求が出てきて、おいしく食すことができたのです。別に食べ物である必要はないですから、好きなものを手に取ってみてじっくりと鑑賞してみてください。あなたの心の奥に眠っている意欲がくすぐられるかもしれません。

人生は山あり谷ありです。うまくいくときは、何をやってもうまくいくし、逆にうまくいかないときは、ことごとく上手くいかないものです。何をやっても上手くいかないような時は、何か良い変化につながるようなきっかけがほしいですよね。そんな時には今回ご紹介したような身体の使い方を工夫して、小さな変化を起こしてみて下さい。やがてそれが大きな変化につながっていくかもしれませんよ。

（久持　修）

30 働く身体をねぎらう

知人からこんな話を聞くことがあります。「普通は、七時間の睡眠が必要なんでしょ。私は昔から八時間くらい眠っているのに、最近は特に疲れが取れなくって。歳よねぇ」「家も仕事も、今が大事な時期なのに、身体がだるくてすぐ休憩したくなる。今までは家事も仕事も何時間も続けてできたのにおかしい」「休みの日は元気なのに、月曜日が来ると体調が悪くなる。休みの日が元気ってことは、基本は元気ってことよね。じゃあ平日の体調不良は気持ちの問題？」などです。

この知人たちは、どうやら自分の思うように身体の調子が整わず、弱気になったり悩んだり、自らの身体に違和感などを感じているようです。逆に、悩みや弱気とは程遠い次のようなセリフもよく聞きます。「大変な時は、三時間睡眠が続いてもなんとかなるよ」「体調が悪くても、自分がやらないと回らない時は気合いでどうにかしてる」「土日になると熱が出て倒れるようにして過ごすんだけど、月曜日になったら回復するんだよね。だから仕事に穴を開けたことはない。便利な身体でね」。こんな具合です。私の友人たちは年齢的にも働き盛りで、子育てにもかなりの時間を割いている方が多いので、身体に鞭打ってがんばっている人が多いかもしれません。

いずれの場合も、「身体を軽んじていて、身体をねぎらっていない」という同じ問題を抱えています。

いつから私たちはこんな風になってしまったのでしょうか。「私たち」と書いたのは理由があります。実は、このように書いている私自身も、この問題の例外ではありません。私も睡眠時間を削って仕事をしようとしますし、眠たくて集中力がなくなる自分を恨みます。仕事でここぞという大切な局面に差し掛かった時には、それまで身体面で不調だったとしても嘘のように良くなります。そしてうまく身体をコントロールできているることでいい気分になり、「昨日までお腹を壊していて熱もあったんですけど、今朝からは大丈夫です」などと周りの人に強がるように話すこともあります。そんな私の話を聞いている人たちが、「さすがですね。今回のイベントにぴったり体調を合わせて来るんですね」「いつ寝てるんですか、すごいですね」なんて褒めてくれるものですから、余計にいい気になって、体調を意のままにコントロールできるという自分の力を過信するのです。たとえ相手がそんな私に「大丈夫ですか?」「ちゃんと寝た方がいいですよ」「後から疲れが出ますよ」などと心配や忠告などをしてくれたとしても、「いえいえ、大丈夫ですよ」と言いながら、それがまるで褒め言葉のように聞こえてきますから、認識がずいぶん歪んでいます。

時代を嘆いても致し方ありませんが、これは現代社会の病といってもよいのではないかと思います。私たちの生きるスピードは年々早くなっていると言われます。昔は誰かに手紙を出しても、そのお返事が戻ってくるまでに早くても数日、一週間くらいは待たなければなりませんでした。今は距離に関わらず、半日か一日くらいで多くのメールのお返事が戻ってきます。一昔前は一泊して出張をしていた場所でも、鉄道や飛行機も速くなり、便も増え、現在は日帰りで仕事をして帰ってくることができるようになってしまいました。

ワーク
ライフ
バランス

心理的
柔軟性

成人期・
中年期

文字通り、遊びの時間がなくなってしまったのです。世の中はすっかり便利になり、一つの仕事をするのにもメールやコンピューターを使って短時間でできるようになりました。家事も乾燥機付き全自動洗濯機、食器洗い乾燥機、お掃除ロボットがあれば、ずいぶんと時間に余裕ができそうな気もします。しかし、かえって用事を増やしたりして、忙しくしている人がいますから、不思議なものです。

そうしたスピードアップした生活の中で犠牲になっているのが「身体」ではないでしょうか？

家事や仕事をして動いているのは、脳も含む私たちの「身体」です。そして身体からなんらかのメッセージや症状が出ているにもかかわらず、それを無視するのは、いつも「頭」つまり理屈や考え、価値観などです。「頭」は「身体」を無視するだけでなく、理屈で言いくるめたり、いじめたりバカにしたりもします。「身体が言うことを聞かない」という言葉は、身体が頭の言うことを聞くものだという前提に立っています。あえて極端な物言いをすれば、頭が身体を奴隷にしているのです。最初にあげたセリフをもう一度眺めてみてください。奴隷である身体に対して随分残酷なセリフのように読めませんか。「働くのが当たり前。休んだら働くのが当たり前。元気な時もあるから具合が悪いのは仮病。時間がきたら元気に働くのが便利。少ない休み時間でよく働くから便利」ということですね。「身体」にとっては、平均睡眠時間などは他の誰かが決めたことであって自分には関係がありません。ただ、疲れが癒されたかどうかという身体の感覚のみが大切です。また身体にとっては「大事な時」というものはなく、いつ何時《なんどき》も大事です。また曜日というのも、身体にとっては押し付けられた勝手な決まりごとにすぎません。こうして頭が無理を強いた分、身体が辛くなるのです。

こうしたスタイルから一時的にでも抜け出してみるとしたら、どのような方法があるでしょうか。一つは簡単です。逆のことをすれば良いということで、「頭」が「身体」の言うことを聞くということです。今日何をして過ごすべきか、どこに行くべきか、何を食べるか、今この瞬間に何をすべきかを身体に尋ねてみるのです。その時に邪魔になる「そんなはずはない」とか「そんなのできない」などの考えからはなるべく距離をとって、少なくとも「身体はそれを求めているんだなぁ」と、身体の言い分を十分に聞くと良いのです。また、今日一日、よく働いた身体の部分は何かな？とチェックしてみること、そして、数十分の時間をかけてその部分をさすったり、撫でたり、優しく揉んだりすることも、バランスの取れた「頭」と「身体」になるために役立ちます。

（金子周平）

31 がんばりスイッチをOFFにするには

怒り、緊張、不安、恐怖。どれも、できればあまり感じたくない気分ですね。そして、頻繁に感じる気分でもある。今回は、こんな気分に苦しんだ時に、その気分を簡単に軽くする方法についてお話します。

自律神経という言葉を聞いたことがあると思います。体の働きをコントロールしてくれるこの神経は、交感神経と副交感神経からなります。交感神経はがんばる時に働くので「がんばりスイッチ」、副交感神経はのんびりする時に働くので「のんびりスイッチ」です。

先ほど挙げた「感じたくない気分」を感じると、がんばりスイッチがONになります。感じたくない気分を抱えていて、のんびりなんかしていられないので。そうすると、次のような身体反応が表れます。

まず、息が速くなります。がんばる時の当座のエネルギーは酸素です。運動している時に息が速くなるのは、そうして酸素をたくさん取り込んでいるわけです。酸素は、血液にのって全身に届けられます。となると、血液をできるだけ早く全身に送り届けるために、ポンプの圧を高めてあげなければなりません。この場合のポンプとは心臓です。そのため、血圧が上がり、動悸がします。

目の前にがんばらなければならない何らかの事態があるわけですから、それをしっかりと見定めるために瞳孔が開きます。筋肉は、瞬発的な動きができるようにギュッと緊張します。これからがんばろうとする時に「腹減ったぁ」では話になりませんので、消化器系の働きは抑えられ、唾液と胃液は減ります。人前でスピーチすると口の中がカラカラになるのは、そうした意味でとても自然な反応なのです。

ここまでの状態で、体はとてもホットになっています。ラジエータは水分を循環させてエンジンの余分な熱を冷ますことで、車が壊れるのを防いでいます。それと同じで、熱くなりすぎた体を冷ましてあげるために汗が出ます。

もし、あなたが感じている気分が今の状況にふさわしければ、これらの反応はあなたを助けてくれます。目の前にワニがいるのに、がんばりスイッチをＯＦＦにして、「ワニってどこからどこまでが口なんだろう」ってしゃがんでワニに見入ってしまったら、しばらくするとあなたはワニの口の中にいるでしょう。明日までに仕上げないといけない案件があるのに、がんばりスイッチをＯＦＦにして、「そんなに固くなりなさんな、おまえさん」ってお酒に手を伸ばしてしまうと、次の日そのおまえさんは職場でドエライ目にあってしまいます。「恐怖」や「緊張」を感じるべき時に感じてがんばりスイッチがＯＮになるからこそ、そこから一目散に逃げたり、それに打ち込んだりすることができるのです。

問題なのは、そうした気分を感じなくてよいのに感じてしまう時です。それでがんばりスイッチがＯＮになってしまうのは、晴れているのに雨傘をさすようなものです。それ自体が不要なうえに、その傘が重かったり視界をさえぎったりすると困るのと同じで、僕たちは生きづらくなります。

こんな時、がんばりスイッチをＯＦＦにする簡単な方法があります。先ほどの身体反応のどれかを変えてあげればよいのです。がんばりスイッチがＯＮになった時の身体反応は、過呼吸、血圧上昇、動悸、瞳孔散大、筋肉緊張、唾液や胃液の減少、発汗でした。このうち、自分で変えることができるのは、過呼吸と筋肉緊張です。呼吸を落ち着け筋肉を緩めれば、がんばりスイッチはＯＦＦになり、嫌な気分を軽くすることができます。

まず呼吸は、腹式呼吸です。次の要領でやってみてください。①唇を小さく開いて、息を口からゆっくりと吐き出す。②口を閉じたまま、鼻から息を吸う（おなかが膨らむように）。③吸いきったところで息を止め、一つ数える。④唇を小さく開いて、口からゆっくりと息を吐き出す（おなかがへこむように）。⑤すぐに息を吸わず一、二秒間を置く。このうち、②から⑤までをしばらく（気分を静めたいなら、四、五分程度）繰り返してみましょう。うまくやるコツは、息を吸う時よりも吐く時の時間を長めにとることです。

次に筋肉を緩める。緩めるのに最適な部位は、「肩」です。「肩を怒らす」とか「肩の荷を下ろす」という言葉があります。これは、僕たちの先達が、人間の気分のあり様は、肩に表れやすいことを理解していたから生まれた言葉です。怒りや緊張によってがんばりスイッチがＯＮになると、真っ先に肩の筋肉が緊張する。だから、ここを緩めるのです。

緩め方はとっても簡単。両腕を真横にダランとおろし、背筋をまっすぐ伸ばします。その姿勢で、両肩をゆっくりと上げていきます。動きが止まるとそこで少し緊張を感じ、ストンとおろす。おろした時の力が抜けた感じを、「ハァ、ええ感じやなぁ」とじっくり味わう。これを、二、三回繰り返してみます。

怒りや緊張、不安や恐怖を静めたい時、この二つを試してがんばりスイッチをＯＦＦにしてください。最初はうまくいかなくても大丈夫。どんなスキルも同じですが、すればするほどうまくできるようになりますからね。

（竹田伸也）

32 食べたいものを食べる

お料理の上手なある先生が、面白いことをおっしゃっておられました。

「女性のほうが平均寿命が長いのはなぜかしら。女の人のほうが、自分が食べたいと思うものを作っているからじゃないかと思う」と、いうのです。確かに誰しも「今日は何だか○○が食べたい気分」というような日がありますね。「あの店のラーメンを一定の間隔で無性に食べたくなる」とか、「昨日肉をがっつり食べたから、もうしばらく要らない」なんていう声も、時々聞きます。食にまつわるこういう気分に素直に対応できると、体調も整い、幸福でいられるのかもしれません。もちろん、家族のごはんを作るのは女性とは限りませんし、男性も女性も料理の腕は千差万別ではありますが、確かに言えるのは、一家のごはんの舵取りをする人は責任重大ということでしょうか。

古い心理学の教科書には「カフェテリア実験」のことが載っています。一九三八年にリヒターらが発表した実験です。八匹のラットにオリーブオイル、小麦胚芽油、酵母、塩、砂糖などを自由に食べさせたら、結果的に最も健康に良い配分でエサを摂取していたというものです。小さい子どもにも同じように食物を与えると、一つのものばかり食べる日もあるものの、数日単位で見てみるとトータルに栄養バランスが取れるように食物を摂取していた、という実験もあります。近年この裏付けとなるデータは見当たりませんが、少なくとも、糖分、水分、クエン酸、ナトリウムなどは、大人でも体内で欠乏すると美味しく感じられ、強く欲し、多く摂取しようとすることがわかっています。気持ちが欲し体が欲している食物こそ、その日その人に補うことが最も必要な食物であり、健康を維持するために最良のものかもしれません。

欲する食事の量や好みが家族で毎日くい違うと面倒です。誰かに合わせれば、誰かにとって不健康です。自分が食べたいものを作る人が長生きをする、食べさせられるほうは命を縮める、となると穏やかではいられません。こういう場合は互いの好みの違いを理解して別々のものを食べるのも思いやりであり、互いの健康にもつながるのではないでしょうか。

一方、こんなことを言う男性もありました。「うちの奥さんは不思議なんだ。僕がそろそろ天ぷら食べたいなぁと思っていると、晩飯に天ぷらが出てくるんだ。今日はうどんが食いたいなぁと思っていると、うどんを作ってるんだ。不思議でしょう！」と。どの程度本当に食べたいものが一致しているのか調べようがありませんが、こう言われるのはかなり仲良しの、幸せそうなご夫婦でした。

このような好みの同調があるとすれば、身体感覚レベルでの「気が合う」という現象もあるはずです。これにはキスの仮説が思い出されます。その相手が自分の求めているパートナーかどうか、女の人はキスで見分けている、というものです。相手の匂いや唾液の成分から、相手の免疫系が自分の体質を補ってくれるものかどうか、直感的にわかるという説もあり、恋多き人や女性ほど、この直感的な選択を重視するという調査（Wlodarski, R. & Dunbar, R. M., 2014）もあります。

こういう直感はキスに限りません。出会ったその日に「この人……？」と常にはない運命のようなものを感じたというカップルやご夫婦の話もよく聞くものです。普段は異性と居ると緊張してあまり食べられないのに、その人とは不思議と一緒に食事ができた。その人のお誕生日を直感的に言い当てた。初めて見た時その人の周りだけぽうっと光って見えた、などなど。……こうなると、ご勝手にどうぞと言いたくなるような甘さですが、ご本人方も苦笑しながら不思議がられている実話です。

羨ましすぎるパートナーの話は置いておきましょう。つまり食の好みもこれと同じくらい、何を受け付けることができるのか、微妙かつトータルで厳然とした方向性があるように思うのです。筆者の例で恐縮ですが、初産の後、すっかり疲弊し、数日食欲を失ったことがありました。食べなければと思うものの、咀嚼することはもちろん、口を開けるのも大儀だった時、出されたサラダのつけあわせのレタスが、小さくちぎられていました。そのおかげで一口ずつレタスを口にし、徐々に体力を取り戻すことができました。普通はサバサバとみずみずしくサラダに敷くレタスを、一口大にちぎってくださっていた、産婦人科の顔も知らない栄養士さんの優しさは、忘れることができません。

大人では、食物の好みは「カフェテリア実験」に見られるような身体的なホメオスタシスの面からだけでなく、体調、嗜好、文化、一緒に食事を摂る相手との対人関係など、複合的になってくるようです。喜びの幅が増える一方、好みがぶれやすくなる、と言えるかもしれません。欲しいものを食べ過ぎるあまり糖尿病やアルコール依存症になってしまうというのも、人間が賢く複雑すぎてしまった結果なのかもしれません。しかし、五感で納得した美味しさは脳の報酬系を賦活し、その感動が記憶に残ります。美味しいなあと思える食事をじっくり味わうひとときは、私たちの精神を満たしてくれるのでしょう。

美味しさは物語でもあります。米どころで育った、ある年配の男性は、「うちの米は旨かった。小っさい頃は、炊いた飯に塩をするだけで、何杯でも食えた」と無邪気に声をはずませます。農家の歴史と誉れがそこにはあります。また、ひところ流行った「一杯のかけそば」の物語では、母子が支え合って今年一年を生き抜いた安堵、亡き父親の思い出、お店の人の優しさが、貧しい中でふんぱつしたかけそばの美味しさを無二のものとしていました。我が家だけのカレーライス、自分でつくれるようになったチーズケーキのレシピにも、身体にしみこむ物語があるでしょう。

たまには食べたいもの、美味しそうなものを食べましょう。妙な知識に支配されることのない、素直な食欲を信じて。その素直な食欲は身体の健康を保証してくれそうです。また、物語に秘められたこころの食欲は、魂の健康を保証してくれそうです。たまに無性に欲しくなる食べ物で、脳の報酬系をノックしてみませんか。

（進藤貴子）

文献

・Wlodarski, R. & Dunbar, R. M. (2014) What's in a Kiss? The Effect of Romantic kissing on Mate Desirability. Evolutionary Psychology, 12(1): 178-199.

リラックスのために

33 怒りっぽい人のための5つのステップ

「怒り」ってどんなイメージですか？「怖い」「扱いにくい」「厄介なもの」などなど、どうしてもマイナスなイメージが多くなってしまいますよね。ここでは、「怒り」について取り上げ、怒りとうまくつきあっていくための5つのステップをご紹介したいと思います。

1、怒っている自分を「認める×」「許す○」

ある夫婦の会話です。

妻：あなたはいつもそんな怒り方をして、本当に怖いからもうやめて！（涙を流す）
夫：おれは怒ってない！（語気を荒げる）
妻：それがもう怒ってるじゃない。なんで気づいてないの？　いい加減、自分が怒りっぽいことを認めてよ。
夫：怒ってないって言ってるだろ！

妻：もういいわ、あなたと話してても埒《らち》があかない。（と言って部屋を出ていく）

この夫婦の会話のように、傍から見ると明らかに怒っているのに、本人に自覚されていないように見えることがよくあります。そして、怒っていることを認めさせようとしても否認されてしまうのです。しかし、本人に全く自覚がないのかというと、そうではなく薄々自覚されていることがほとんどです。ただ、本人の中に「怒ってはいけない」とか「怒るのはみっともない」といった価値観があって、怒っている自分をオープンにできなくなっているのです。こうした場合、怒っている自分を認めない方向でスタートすると、スタートから行き詰ります。まずは、人間なのですから怒ることもあります。怒っている自分を許す気持ちを持つことが大切です。

2、我慢せずに小爆発させる（それをポジティブにとらえる）

先ほどの夫婦の別場面での会話です。

（朝、夫が会社へ出かけようとする場面）
妻：ちょっと、その服上下合ってないよ。
夫：（少しムッとしながら）いいよ。面倒だし。
妻：ダメダメ、そんなんじゃ恥ずかしいよ。すごい変だよ。

夫：（さらにムッとして）だから、いいって！　時間ないの！
妻：着替えるだけなんだから、すぐじゃない。ほんっと、センスないね。
夫：（大声で）だから、いいって言ってるだろ！（と言って出ていく）

怒る自分を許す気持ちを持てたら、怒るのを我慢するのをやめてみましょう。この夫婦の会話では怒るチャンスがあったのに、それを抑え込もうとして「ムッ」としています。小さなことでもあえて怒ってみることが怒りとうまくつきあう上で重要なのです。怒りがコントロールできなくなるのは、大爆発を起こすときです。大爆発を起こすまで我慢せずに、小爆発を起こすことで怒りをコントロールしやすくなります。

ちょっと余談ですが、怒りは火山と似てますよね。爆発するところも似ているし、我慢すればするほどマグマ（怒り）がたまって大爆発するところも似ています。小爆発を繰り返している火山の方が人々はつきあいやすいですが、大爆発を起こす火山は怖いですよね。大爆発の怖さもさることながら、いつ爆発するかがわからない予測不能な怖さもあります。

3、怒っている時に、「私は今怒っている」と言ってみる

では、怒りを我慢してムッとしないで怒ってみるというのは具体的にはどのようにすればよいのでしょうか。怒ってみる、とは「私は今怒っている」と言ってみることです。なお「私は今怒っている」という言い方は「その言い方、なんかムカつく」とか「それは腹立つよ」など、本人に合うような言い方にしていただ

いて結構です。ここでは、「怒り」を言葉にして相手に伝えることさえできればどのような言い方でも良いのです。

怒りのコントロールが下手な人は、「怒り」を相手にぶつけがちで、「怒り」を言葉にして相手に伝えることをあまりしないものです。そのような言葉のレパートリーを持ってないのだと思います。繰り返しになりますが、「怒りはぶつけるのではなく言葉にして相手に伝える」、これがポイントです。

4、怒りのエネルギーを有効活用する

ここからは、怒りについて少し観点を変えてお話しします。怒りというと、マイナスなイメージが湧いてくることが多いと思いますが、怒りにもポジティブな側面があります。その代表が「エネルギー」です。怒りっぽい人はエネルギーに溢れている人が多く、このエネルギーを有効活用しない手はありません。また火山の話になりますが、火山も噴火すると災害になりますし、良くないイメージが伴います。しかし、火山のおかげで温泉が出ることもありますし、火山の熱を利用して地熱発電など、人々の生活に役立つこともありますよね。

私自身も、かつて大切な友人が若くして病気で亡くなった時に、世の理不尽さにやり場のない怒りを感じていた時があり、その時は、怒りのエネルギーでもって当時抱えていた本の執筆をしました。自分でも信じられないくらいの力を発揮できたことを今でも覚えています。

５、感謝が怒りを包み込む

その本を書き上げ、友人のお墓参りに行った時のことです。本を持ってその友人に「ありがとう」と言ったときに、不思議とそれまで抱えていた怒りが変化していくのを感じました。「ありがとう」という言葉に包み込まれるような、怒りが慰められたような気持ちになったのです。感謝は怒りを包み込むのだなあと実感した瞬間でした。

怒りっぽい人のための５つのステップについてご紹介してきました。１〜３のステップである程度怒りとうまくつきあえるようになったら、怒りのエネルギーを有効活用していくのが、このステップの概要となります。怒りのエネルギーは、どうしても怒りの元となっている対象に向きやすいのですが、それを建設的な方向にエネルギーの注ぎ先を変えられないかと考えてみて下さい。怒りを有効活用できるかできないかはあなた次第です。

（久持　修）

34 自分を外から眺める（幽体離脱の方法）

私が中学生の頃の話です。多くの方と同じように悩み多き思春期を過ごしていた私は、今思えば、成績のこと、部活のこと、友達のこと、そして家族関係でも多少なりとも悩みがあり、大変な時期を過ごしていたと思います。日も暮れて随分時間がたち、すっかり暗くなった中を自転車に乗って帰宅していて、ふと空を見上げると、そこには星空が広がっていました。その瞬間に、すーっと自分の悩み、自分の存在が小さく、小さくなっていきました。私の体や頭の中をぎゅうぎゅうに占めていた悩みが、ほんのわずかな小さなかけらのようなものになったのです。その感覚は、もう四半世紀以上前のことですが、よく覚えています。不思議なものです。誰かに相談して、話を聞いてもらったわけでもありませんし、悩み事が現実的に解決しそうな目処がついたわけでもなく、いい方法が閃いたわけでもなく、ただ自転車に乗りながらペダルを漕いで空を見上げただけで、当時の私の気持ちは大きく変わったのですから。

こうした経験は個人的なもので、自分だけのものだろうと思っていましたので、進んで人に話すことはありませんでした。しかし、時々、話の流れや何かの機会があってお話しすることはありました。すると意外なことに、この話を聞いた人の中には、「私も同じような感覚になったことがあった」と言う方が少なくなかったのです。もしかすると、空を見上げて、地球や宇宙の大きさを認識した時に、自分の存在や悩みが小さなものになるという経験をしている人は、意外と多いのかもしれないと考えるようになりました。よく考えてみれば、世にいる詩人や歌い手たちも、「空を眺めてみたら、ちっぽけな悩み事なんて消えていって」とか、「こんなに大きな星の中で、僕らの悩みはちっぽけなものさ」などと歌っていますね。私が体験したことも、そのように表現されることと似ていたのだろうと思います。

しかしここでは、空を眺める方法を紹介したいわけではありません。空を眺めることはすぐにだってできますし、それをすればこころが晴れるわけではないからです。大切なのは、東京タワーやスカイツリーなどの展望台から下を眺めた時に、人や車が本当にちっぽけに見えるように、自分を高いところ、離れたところから眺めるということです。簡単に言えば視点を変える、自分を外から眺めることだと言ってもよいでしょう。私は中学生の時に初めてこうした体験をしましたが、その後もふとした時に同じような体験をすることがありましたし、自らやってみようと意識して自分を外から眺めてみることも増えました。そのイメージが、まるで話に聞く（体験はしたことのない）幽体離脱のようなので、「幽体離脱の方法」と名付けています。

私がしている方法には、3つのレベルがあります。簡単な方からご紹介してみます。1つ目は「すぐそばから自分を眺める」方法です。簡単です。今座っている椅子などから1～2メートルくらい実際に離れて、それまでそこに居た自分を想像して眺めるのです。いつもの自分がそこに居ます。いつもの姿勢で、いつものように考えたり感じたりしながら、そこに居ます。「ああ、猫背だなぁ」とか「カリカリ、イライラしてるなぁ」「疲れてるなぁ」「またこんなことしてる」という感想が出てくるかもしれません。普段、私たちの意識は体の中にあるように体験されていて、内側から外の世界を眺めることが普通になっています。たとえイメージ上でも、自分で自分の背中を眺めることもありません。自分の姿を見るというのは、決して楽しいものではないかもしれません。でも同時に、少し新鮮な感じもするのではないかと思います。急がずにゆっくり眺めるのがコツです。慣れてきたら、3メートル、4メートルと離れていってもよいかもしれません。ご自分の見え方が、少しまた変わってくるでしょう。

2つ目は、幽体離脱よろしく浮遊してみましょう。今回は自分の椅子や立ち位置から実際に離れたように、空中に浮くわけにはいきません。残念ながら重力がありますから、イメージの中で行うのです。今、あなたが室内にいるとしたら、部屋の天井の隅あたりから、自分を眺めるというイメージをするのです。先ほどのようには、鮮明にイメージはできないかもしれません。こうした作業には得意不得意がありますが、練習すると少しずつできるようになってくることでもありますから、何回かチャレンジしてみてください。ご自分が動いているところ、今まさに何かをしているところを、眺めることができます。この本を読んでいるあなたを数メートル先の天井から、幽体離脱したご自分がみるのです。もちろん何者かから見られているという不穏な感じを体験してもらいたいわけではありません。眺めているのも自分です。実際に体を移動させるわけではありませんから、何かの作業をしながらでも、料理をしながらでも、人と話しながらでも、こうしたイメージをすることはできます。歩いたり走ったりしている時もできます。私の場合はいつも、自分の体がスッと楽になる、余計な力が抜けて姿勢がまっすぐになるという感覚が生じます。皆さんも、ご自身の中で何かが変わる体験があるといいですね。

3つ目は原点に戻って、空を眺める方法です。先ほどは、空を眺める方法を紹介したいのではなく、自分を離れたところから眺める方法を紹介したいと書きました。しかし、矛盾するようですが、私が行っているのは、ただ空を眺めるだけです。空の雲や星から自分を眺めることを意識して行ってはいません。ちょっと時間をとって、空を眺めてみるだけです。眠くなってきたらそのままに任せ、考え事が浮かんできたら、それもそのままに任せ、ふと遠い空から自分を眺めてみるイメージが出てきたら、それに任せるという感覚です。いかがでしょうか。こんな時間が、たまにはあってもいいですよね。

（金子周平）

35 疲れた時間と同じだけ、あなたの心に栄養を

日々、仕事に子育てに生きる時には、いつも、困った自分に出会います。どんなにうまくいっていたとしても、人から羨ましがられても、そんな日常の中で、疲れている自分に出会います。日々の雑務や人とのやり取り、それが大切なことは分かっています。

子どもを公園に連れていくこと、食事を日々作ること、毎日出勤すること、当たり前の日常に私たちは一喜一憂しながら、その流れの中で小船のようにゆらゆらと揺れています。「それでも、がんばらないといけない」。休むわけにはいかないのです。

仕事であったトラブルに心痛み、しばらくは、元気が出なかったり、それでも、解決のために奔走したり。叱られたり、恥ずかしい思いをしたり。

子どもたちはかわいい。でも、子育てをすればするほど、子育てが楽にはならない。子育てとは、人が育つことのお手伝い、別の人格になることのお手伝いなのです。だから、大きくなればなるほど、子どものわからないが増えてくるものです。

そんな毎日に奔走して、あなたはとてもがんばっていますね。だから時々、心に充電が必要です。

ワーク
ライフ
バランス

慢性的
ストレス

心は、そうタフではありません。人それぞれに容量が異なりますが、容量を超えると、イライラ、物事がすべて悪く見えてきます。心とはそういったものなのです。悪いことがあると、すべてが悪く見えてしまいます。悪くもないのに、自分を悪者にしたり、時には相手がひどい人間に見えてきます。

そういった時は、心がスカスカになり、栄養が枯渇しているのでしょう。心のエネルギーの量は、ひとそれぞれですが、誰にも限界はあります。どんなに逞しい男性でも、心のエネルギー量には限界があります。小さな子どもが、どんなに遊んでも寝れば元気になりますよね。小さな子どものほうが大人よりも、元気そうに見えます。

心の栄養がなくなると、次第に、世界が色あせて見えてきます。モノクロの世界に見えてきます。色あせた世界では、見るものも、人と会うことも、食べるものも、なんだか面倒臭い。やることなんでも、上手くいかない。沈んでいます。カラフルな世界を見たいですよね。彩のある感動に満ちたような、そんな世界を生きてみたい。

そんな時は、焦ってもだめです。

心の栄養を、充電する必要があります。思った以上に日常生活に疲れているのです。心の栄養は、実は、その人が使った分だけ、補給する必要があります。時間でいえば、使った時間と同じだけ、その充電には時間がかかります。もしあなたが、疲れ切るのに三カ月かかったなら、三カ月間の充電期間が必要です。

彼女に振られてから元気になるためには、その女性との出会いと同じ時間、自分への栄養補給が必要なのです。でも、心は結構タフなのです。

ワーク
ライフ
バランス

慢性的
ストレス

時間をかけて栄養補給をしてやると、だんだんと、心に栄養がたまってきます。その過程で、いろいろなことに気が付いてきます。疲れ切って気力もない時は、ただ毎日生活することで精一杯でした。いつも気持ちが憂鬱で、悪いことばかり考えていました。その頃に比べると、今の自分はすごい、よくやっていると思えます。

こんなことできるようになった、あの時には気が付かなかったけれど、自分の悪いこともわかってきたし、あのころに比べて自分はひとまわり大きくなったように思う。成長してきた、たくましくなったと思う。無理をしていたころに比べると、だんだんと、自分の気持ちと、周囲にふるまっている自分の行動が、一致していることに気が付くでしょう。自分の気持ちに合っている。フィットしていると感じてきます。だんだんと「楽しめている」と思えるようになると、よくなっていますね。

それは、そのまどろみの中で、自分の心のアンテナが育ってきているからわかるのです。

自分の心のアンテナが、育ってくると、無理をしているかどうかがピンとわかってきます。「そんなこと、気にしないでいいんだよ」と、答えくれます。「それは、がんばりすぎだよ」って、自分の心のアンテナが注意してくれます。あるいは、「自分とあっているからチャレンジしてみてはどうかな?」と心のアンテナが呟きます。

無理をして疲れ切ったあなたの中に、自分の感覚が育ってくるのです。

次第に元気になって、その疲れから抜け出た頃、自分の心のアンテナが育ってきたら大丈夫です。その心のアンテナと相談しながら、無理をしないで、生きることができるようになります。「いまのままでいいんだよ」と応援してくれます。

ワーク
ライフ
バランス

慢性的
ストレス

「心のアンテナ」は、誰から与えられたものでもなく、その人が自分の心と相談しながら育てるものなのです。周囲から期待されたことに応えることだけでは、その人の感性は擦り切れてしまいます。躓いてしまった時間と同じだけ、心に栄養を与えましょう。ゆっくりとゆっくりと、心の疲れは取れてきます。心の回復には時間がかかるのです。

そのゆっくりとした時間の中で「心のアンテナ」を育ててみましょう。心のアンテナは、自分の正直な気持ちです。誰でも周囲から期待されると、どうしても、がんばりすぎます。うれしくて、もっともっとががんばりたくなります。気になって、がんばらないといけないと思ってしまう。そして、いつの間にか、自分がなくなってしまいがちです。

心のアンテナは、自分の正直な気持ちであり、その感性を頼りに判断すれば、無理をしなくてよいです。心のアンテナが、ドキドキする、ワクワクするといった楽しさを感じた場合、少し難しいことでも、冒険しても大丈夫と言ってくれます。もし、自分にとって無理をしすぎること感じた場合は、用心しなさいと言ってくれます。「もういいんじゃない、あなたのせいじゃない。気にしないでいいよ」と言ってくれるので、逞しくなれます。

疲れた時はそれと同じだけの時間を、がんばって休みましょう。そうするうちに、素直な気持ちを感じる「心のアンテナ」が育ちます。

心のアンテナが育てば、その声に耳を傾けましょう。そうすれば、強く、感動的に、逞しく生きていけます。

（竹森元彦）

ワーク
ライフ
バランス

慢性的
ストレス

36 自分にかける言葉を変える

リラックスのために

先日、ある人からこんな話を聞きました。その人——美智子さん——は、職場の異動でスタッフが多くはいない新しい部署に配属されました。わからないことがあったので、近くにいた佐藤さんに尋ねてみたところ、佐藤さんは「今忙しいから、後にしてください」と応えたとのことです。

話はここから深まります。そう言われた美智子さんは、「私のことがめんどくさいんだ。私は、職場のお邪魔ムシだ」と思ったそうなのです。このマイナス思考は、美智子さんにとってストレスフルな職場が始まるきっかけとなりました。スタッフの少ない職場なのに、そんなふうに思ったせいで、佐藤さんに仕事のことを尋ねることができません。そして、自分が職場のお邪魔ムシだと思うと、職場に足を踏み入れることがかなりつらくなってしまいます。

あなたは、この話を聞いてどう思いましたか？　冷静に眺めると、佐藤さんは〝今は忙しいので、後で尋ねてほしい〟という意思を美智子さんに伝えたにすぎません。ところが、美智子さんはその発言から浮かんだ「私のことがめんどくさいんだ。私は、職場のお邪魔ムシだ」というマイナス思考を通して、佐藤さんや職場を眺めてしまった。そのせいで、マイナス思考が示す世界をあたかも現実のことだと思い込んでしまっ

心理的柔軟性

コーピングスキル

たのです。

こんなふうに、僕たちは頭に浮かんだ考えと現実を結び付けてしまうことがよくあります。頭に浮かんだ考えが、事実だと思い込んでしまうのです。でも本当は、そうではない。考えは、頭の中の産物にすぎません。

目を閉じて、ミカンをリアルに想像してみてください。そこに、艶々としたオレンジ色のミカンを想像することができますね。では、そのミカンの皮をむいて、口の中に入れたつもりで味を想像してみてください。甘酸っぱいあの味を想像することができるでしょう。そこまでリアルに考えることのできたミカンを、あなたは手に取ることができますか？　もちろんできません。考えが頭の中の産物にすぎないとは、こういうことなのです。

「私のことがめんどくさいんだ」というのは、あくまでも美智子さんの考えに過ぎません。考えと現実は同じではない。頭に浮かんだネガティブな考えを現実と結びつけてしまったら、現実の世界がつらくなって当然です。マイナス思考がつらい理由は、すべてこの一点に尽きます。

頭に浮かぶ考えって、言ってみれば「自分への声かけ」です。僕たちは、普段無意識に自分に対していろんな言葉をかけています。自分にかける言葉が、知らず知らずのうちにネガティブに偏ってしまっていたとしたら……。そんなものを毎日浴び続けるのを想像するだけで、ゾッとしませんか。とはいえ、自分にかける言葉をポジティブに変えるのは簡単ではないし、そもそも「ネガティブ」や「ポジティブ」という極端な世界に浸るのは、あまり健康的な営みではありません。

では、どうすればよいのでしょう。自分にかける言葉を、変えてあげればよいのです。「それができないからつらいんだよ」とあなたは思うかもしれません。心の声を無理して変える必要はありません。無理せず変えてあげればよいのです。それが簡単にできる魔法の言葉を、あなたにプレゼントしたいと思います。今から伝える言葉を、ネガティブな心の声が聞こえてきたら、それにくっつけてみてください。すると、マイナス思考のもつパワーが弱まり、気持ちが少し楽になると思います。

その魔法の言葉とは、「かもしれないし、そうじゃないかもしれない」です。この言葉を、マイナス思考にただくっつけるだけ。そうすると、さっきまでの思い込みが少し小さくなっているはずです。たとえば、〝私のことがめんどくさいんだ〟だと、〝私のことがめんどくさいのかもしれないし、そうじゃないかもしれない〟となります。最初のフレーズと比べると、マイナス思考のパンチ力が幾分弱まったのがわかりますね。

この魔法の言葉には、もう一つ効能があります。「そうじゃないかもしれない」とつぶやくことで、マイナス思考の矛盾点に目が向きやすくなるのです。「そうじゃないかもしれない……。そういえば、昨日優しく声をかけてくれたな」こんなふうに、マイナス思考の矛盾点が見つかると、思い込みの呪縛からもっと自由になれますね。

「そんなことしても楽にならないよ」とあきらめる前に、「そんなことしても楽にならないかもしれないし、そうじゃないかもしれない」とつぶやいてみる。こんなふうに、マイナス思考に気づいたら、一度試してみてはいかがでしょうか。そして、そのあとにマイナス思考の矛盾点も探してみると、ココロはもっと軽くなると思います。

心理的柔軟性

コーピングスキル

ネガティブな心の声が聞こえてきたら、「かもしれないし、そうじゃないかもしれない」とつぶやく。そうやって、今日からさっそく、自分への声かけを無理せず変えてみてくださいね。そして、ふとした折に思い出してください。「考えは、頭の中の産物にすぎない」ということを。

（竹田伸也）

日々の生活のヒント

37 夢で遊ぶ

「将来の夢はなんですか?」この質問は、小さなころによく聞かれましたよね。あなたの小さなころの将来の夢は何だったでしょうか? ちなみに、私は一時期「サラリーマン」と書いたことがありました。別に冷めていたわけではなく、父親がサラリーマンだったので、父親みたいに会社で働けたら良いなあと漠然と思っていただけなのですが、先生からは「夢がないねえ」と言われてしまった記憶があります。また、友達からは「サラリーマンって、誰でもなれるじゃないか」などと言われておりました。そんな私が、現在サラリーマンになっていないのはなんとも皮肉なものですが……。

さて、「将来の夢」って、大人になるにつれて、だんだん聞かれなくなりますよね。そして、次第に「将来の夢」を考えなくなるものです。なぜ考えなくなるのでしょうね? 夢を実現してしまったからでしょうか? そんなことはないですよね。多くの人は夢を実現できていないと思います。もしかしたら「今さら、将来の夢なんか考えても、無駄でしょ? (どうせ実現しないんだし)」という理由が大きいのかもしれません。

しかし、「将来の夢」を考えるのは、夢を実現するためではないですよね。夢を実現するのが目的になって

内的世界への気づき

コーピングスキル

しまうと、小さなころに聞かれた「将来の夢は何ですか？」という質問はほとんど意味がないことになってしまいます。例えば、「あなたの将来の夢は？」と聞いて、「プロのサッカー選手」と回答があったら、「はい、どうせ無理だからもう少し現実的なことを考えなさい」などと伝えなければならなくなります。ですから、「将来の夢」を考えるのは決して夢を実現することが目的ではないのです。

「将来の夢」って、考えること自体が楽しくワクワクしますし、それによって心が晴れますよね。小学生になる前には「一年生になったら、友達百人できるかな。百人で食べたいな、富士山の上でおにぎりを」などという歌がありますが、この歌を歌うと、小学校に入った時の楽しいイメージが膨らんでワクワクしましたよね。実際、そのあと友達が百人もできることはないし、ましてや富士山の上でおにぎりをみんなで食べることはないわけですが、それを想像することが楽しいじゃないですか。

それから、「将来アナウンサーになりたい」という夢を持っていたら、その夢を実現した時のことをイメージするのが楽しかったと思います。ですから、「将来の夢」は実現することが目的なのではなく、イメージを膨らませて楽しむことが目的なのです。

そのように考えると「将来の夢」って小さなころにだけ考えるのではなく、大人になってから考えても良いと思いませんか？

「将来の夢」を描くことで心が晴れるようになるためには、2点ほど意識した方が良いことがあります。それは、①できるだけ現実的でない夢を描くことと、②夢を描くことに没頭する、ということです。ディズニーランドは人気がありますが、あそこはまさに「夢の国」ですよね。ディズニーランドはできるだけ現実を

内的世界への気づき

コーピングスキル

忘れられるように時計をほとんど置かない、置いたとしても置き方を工夫するなど、客が夢の世界に没頭できるような工夫が徹底されているそうです。ディズニーランドに行けば、①と②を満たすことができるのです。ディズニーランドに行って「こんな所に来ても現実は何一つ変わらない」なんて、考えないですよね。

ディズニーランドの例を意識した上で、「将来の夢」を実際に描いてみましょう。①できるだけ現実的でない夢を描くというのは、なかなか難しいかもしれませんね。ちょっとしたコツとしては、最低でも一〇年先、できれば二〇年とか三〇年先の夢を描くようにして下さい。年数が近すぎると、どうしても現実的な色合いが濃くなってしまいます。

私だったら、三〇年後には七〇歳近くになっているのですが、その頃には、森の中に家を建てて、離れには温泉の小屋を建てたいですね。そして、商売っ気はあまり出したくはないのですが、その温泉はお客さんに入ってもらえるような感じにして、さらには珈琲にも凝っているので、時々お客さんにふるまったりとかして、ゆっくりのんびり過ごしてもらえるような空間を作りたいですね。

このようなことを考えると、温泉の小屋はどんな作りにしようかとか、家を建てるのは何県にしてみようか、東京近郊じゃなくても良いよなあ。やっぱり森の中に湧く温泉だったら東北とか、あるいは思い切って九州とかでも良いかもしれない。それから、珈琲をふるまうためには自宅のつくりをどのように工夫するのが良いのだろうか。……などなど、夢を描くことに没頭していくとものすごく楽しくてワクワクしてきます。

その時に、「どうせ家を建てるようなお金はないでしょ」とか、「年を取ってから田舎に行くと大変だし、離れの温泉なんて不便以外の何物でもない」とか、そんな現実的なことを考えてしまうと簡単に夢からさめ

内的世界への気づき

コーピングスキル

てしまいますので要注意です。

他にも「将来の夢」を考えるやり方はさまざまあります。例えば、宝くじを買ってみるのもその一つです。「宝くじは夢を買う」とよく言われているように、「宝くじを買って、一億円当たったら」なんてことを想像するのが楽しいですよね。宝くじを買わなくても「一億円当たったら」ということは想像しようと思ったらできるのですが、宝くじを買うことによって、もしかしたら一億円あたる可能性があるという状況を作った方が想像するのがより楽しくなるものです。それから、不動産屋の前に張り出してあるマンションや一軒家の広告を見て「もしもこの家に住んだら」というイメージを膨らましてみるのも楽しいですよ。インターネットを使えば、全国色んなところの不動産物件を見ることもできるので、憧れの地の物件を見ながら夢を膨らませてみるのも良いでしょう。

大人になって、夢を持たなくなった今こそ、夢を膨らませて遊んでみてはいかがでしょうか？

（久持　修）

コミュニケーション
心理的柔軟性
コーピングスキル

38 「ところもある、日もある」という言い回し

「あなたって○○な性格だよね。あなたっていつも△△よね」と人から言われて、嫌な思いがしたことはありませんか。言われた言葉に少しでもネガティブなニュアンスが含まれていたら、嫌な気持ちがして当然です。たとえポジティブな内容であっても、多少なりとも嫌な思いがすることはあるのではないかと思います。例えば、まだ出会って間もない人から「あなたって優しい性格だよね」「あなたって明るい人なのね」などと言われたりすると、悪い気持ちはしないものの、「あなたに私の何がわかるの?」「決めつけられたみたいで嫌だな」と思うこともあるかもしれません。人間は複雑な生き物ですので、自分の一面だけを知った人が、自分の性格について何かを言うと、違和感があるのだろうと思います。

このように決めつけた言い方をするときには、言われる側も複雑な気持ちになりますが、言う側もどこかスッキリしない気持ちになるのではないでしょうか? 例えば、あなたが最近嫌だなと思った人物を思い浮かべて、その人物について「○○は□□な人だ」「○○は△△なことをする(しない)人だ」という言葉を作ってみてください。「山田は話が長い人だ」「田中は気が利かない人だ」「佐藤は丁寧にお願いをしても断る人だ」などです。□□や△△の部分は、具体的であればあるほどこの作業はわかりやすくなりますので、少し

考えてみてください。文章を作ってみると、どこか割り切れないような気持ちになりませんか。

そして今度は、その文章に「なところもある、日もある」という言葉を付け足してみましょう。「山田は話が長い日もある」「田中は気が利かないところもある」「佐藤は丁寧にお願いをしても断ることがある」というようにです。そうするといかがでしょうか。少し心の中が落ち着き、正常化する感じがしませんか。

「ところもある」という言い回しは、人が相手の人間全体を知ることができないことを表しています。特にコミュニケーションは人間関係の中で行われますから、あなたとの関係における山田さんと、別の人との関係における山田さんは違います。あなたにとっては同僚の山田さんも、娘、息子さんからするとお母さんです。親御さんからすればいつまでも娘でしょう。あなたの知る山田さんは、あくまでもあなたとの関係の中での山田さんです。山田さんはあなたに対して発言し、行動し、反応しているわけですから、もしかするとあなたがみている山田さんの言動のきっかけはあなたにあるかもしれません。それに、山田さんの人生の歴史の中で、あなたが知っているのはきっとごく一部分でしょう。今あなたが経験している山田さんの言動は、それまでの長い、さまざまな経緯があって出てきているかもしれません。そんなことも考えると、「山田は話が長い人だ」という言い方は事実ではなく、あなたが限られた状況の中で最近体験していることに過ぎないのです（大したことではないと言っているのではありません）。

「日もある」という言い回しは、私たちが接している相手は生きた人間で、その人間は、日々変化をしていること、そして、人間にはその日の気分というものがあることを前提とした言い方です。身体の側面で考えてみても、昨日は自分の身体の一部ではなかった食べ物や飲み物が、今日は自分の身体の一部になっている

コミュニケーション
心理的柔軟性
コーピングスキル

はずです。そして、昨日まで自分の身体の一部だったものが、老廃物になって少しずつ身体の外に出ていっています。ごくごくわずかずつですが、身体の面で言えば、昨日のあなたと今日のあなたは違うということです。もう少し細かく言えば、皮膚の表面にある細胞はよく入れ替わりますが、骨はかなり時間をかけてゆっくり入れ替わるようです。そして心臓の細胞はほとんど変わらないそうですし、脳の細胞は細胞分裂したり入れ替わったりせずに、減っていくのみだとよく言われます。つまり私たちの身体は時間とともに頻繁に変わるところもあれば、変わらないところもあって、そのペースも体の部位によってさまざまということです。非常に複雑ですね。

同じように私たちの心、能力、知識、性格なども日々変わっています。そして変わりにくいところもあります。私たちはテレビでもインターネットでも、人と出会って話をしても、たくさんの情報に触れています。ですから、昨日は知らなかったことを今日は知っています。逆に昨日は覚えていたことでも今日には忘れてしまうということだってあります。そしてさまざまな体験が、日々、人の能力や性格を少しずつ変えていきます。ゆっくりと成長や老化の方向に変化していくことだけでなく、私たちは毎日、「気分」と呼ばれるリズムの中で生きています。いい気分の時もあれば、気分が乗らない時もあるでしょう。「日もある」という言葉が、こうした人間の特徴を捉えたものになっていると思います。

私たちはついつい、人の言動を見たときに、それをその人の変わらない性格だと思い込んでしまいがちです。それは、その人の一面かもしれませんし、たまたまその日そうだったのかもしれません。そしてその姿はあなたの前で見せる姿なのかもしれません。

ここまで書いてきたことを踏まえると、「○○は□□な人だ」「○○は△△なことをする（しない）人だ」などの表現はとても不自然で、無理のある表現であるように思えてきます。およそあらゆることは、「ところもある、日もある」という表現をすることで、自然で無理のない言い方に、やや近づくのではないでしょうか。もちろん語尾だけを変えれば良いとは思いませんが、この言い回しを意識して使ってみませんか？この言い回しを用いていくことで、部分的な情報から相手の全体を判断しないというクセがついていきますよ。

（金子周平）

39「もしも人生が……」で大切なことを見つける

心理的柔軟性

慢性的ストレス

哲学的対応

さあ今日も、朝が来ました。一日が始まります。朝から時間に追われている人も少なくないでしょう。まず起きるのに時間がかかる方は大変です。体のだるさや疲れ、気分の悪さをどうにかねじ伏せて、起き上がらなければなりません。この戦いに毎日どれほどの時間と労力がかかるのでしょうか。その後も、ベッドでお休みでなければ、布団をあげてたたんで押入れに入れるか、布団干しにかけるかしなければなりません。洗面台に立って顔を洗う。着替える。新聞にも目を通しておきましょうか。テレビのニュース番組も横目でみておきましょう。天気予報のチェックもするでしょう。

だらだらと生活のことが書かれているからといってどうぞ読み飛ばさずにゆっくり読んでください。多少の違いはあったとしても、みなさん同じようなことをされて、日々の生活を送られているわけですから。これが私たちの人生、というわけです。まだ続きます。朝食の準備をして食べて、皿洗い。歯磨きにも時間がかかりますね。鏡の前で身だしなみを整える。家におられる場合はまだまだ家事があります。外に出られる方は仕事が待っています。あなたが家族と一緒に生活しているなら、他にもやることは山のようにあります。他の家族を起こさないといけないとしたら、それも大変骨の折れることですね。あ、ゴミを出していませんでした。いやいや、でもその前に洗濯機を回さなければなりませんでした。「お急ぎ」設定でも三〇分かかるのでした。危ないところです。

例えばこんな調子で、日々あなたが行なっている活動を書き出してみるとどうでしょう。書き出すだけで、このページも埋まってしまいます。いや、ここではずいぶん省略して書きましたから、もう少し細かく丁寧に書けば、一日分でこの本一冊くらいは簡単に埋まってしまうでしょう。そしてページが埋まっていくのと同じように、私たちの大切な一日の時間も埋まっていきます。そんな風に毎日が、一日一日が過ぎていきます。

このようにして細々としたことをしているうちに、大切なことを後回しにしてしまうということを、皆さんも経験したことがありませんか。私の場合も、溜まっている書類仕事、メールの返事をゆっくりしていると、あっという間に一日が終わってしまいます。現代人の生活は、「一日があっという間に終わる」という言葉が決して大げさではなく響くくらいには、忙しく、慌ただしくなっているのです。細々としたことをやっているうちに、もしあなたが本当に大切だと思っていることができないまま、何日も、何カ月も、何年も経っているとすれば、それは残念なことですね。晴れ晴れとした気持ちで一日が終わるということはなく、きっと何かが残っている感じがしながら一日を終えられるのだろうと思います。

そんな過ごし方を少しだけ変えられるかもしれない想像遊びが一つあります。どうやら真面目な方が本気でやると、キツイことになるようですから、要注意です。遊びでやること、きちんとやらないこと、こだわらないこと、継続しないことが大切です。このエッセイを読んだ後に、一日やってみたけど、次の日には忘

心理的
柔軟性

慢性的
ストレス

哲学的
対応

れてしまった。そのくらいがちょうどいいのではないかと思います。

前置きはこのくらいにしましょう。その想像遊びとは、「もしも自分の人生が、今日の一日だけだったら……」という想像遊びです。

こんな想像をしてみてください。今朝目覚めた時が、あなたの人生の始まり、つまり誕生だったとします。今がお昼だとしたら、もう6時間くらいは経っていて、人生85年としても、もう30年くらいは経っていると考えるのです。そして夜、眠りにつく時があなたの人生の終わり。つまり逝去です。このように考えていくと息苦しい感じがする読者の皆さんは、続けて考えることをおやめください。別のページに面白いことがたくさん書いていますので、そちらに進みましょう。続けてみられる方は、もう少し細かく考えてみましょう。1日は24時間で睡眠時間が7時間だとすれば、残りは17時間です。85年を17時間で割れば、1時間が5年ということになります。そんなふうに考えてみるといかがでしょう。こうしたこころがけをしてみて、少しでも時間の過ごし方が変わり、日々の心残りがちょっとでも減る感じがすれば成功です。

次のような考え方もできます。毎日あると思っている繰り返しのイベントは、一生に一回のイベントということになります。つまり今日の朝食は自分の人生で、この一度っきりです。今朝食べた食パンが、私の人生の朝食だったわけです。昼休みも昼食も人生に一度っきりです。今朝読んだ新聞も、人生で一度だけ読んだ新聞ということになります。するとどんなことが起こるでしょうか。

自分の人生が、今日の一日だけだと考えることで、ある人は、ここしばらく電話をするのを先延ばしにしていた友人に電話をして最近の身の回りの状況を話すことにしました。この方には「明日でいいや」という

心理的柔軟性

慢性的ストレス

哲学的対応

癖がついていて（それ自体は悪くないのですが）、それがじわじわとご自身の気がかりとして膨らんでいたようです。この想像遊びを気に入って、思い切って連絡をされたことで、気持ちが軽くなったということでした。また別の方は、時間もないしカップラーメンにしようと思っていた夕食をやめ、自分でご飯を炊いておかずを作りました。ちょっとしたことですが、食事を他の用事の犠牲にするようなことはしなかったということです。またさらに別の方は、特に何かしたわけでもないけれど、子どもたちのことを大切にしたいと思ったということを報告してくれました。この想像遊びは、人生において大切なことを、今日一日の中で、大切にするためのきっかけになるかもしれません。

（金子周平）

心理的柔軟性
慢性的ストレス
哲学的対応

40 言葉×遊び＝最強

言葉にはとても不思議な力があります。辛いことや悲しいこと、腹が立つこと、絶望するようなことがあった時に、それが誰にも話せないうちは何が何だかわからない混乱があなたを支配しているかもしれません。親しい人を失った時に、悲しみの渦中にいるとよく表現されるような状態でしょうか。言葉は出てきません。しかし、周りにいる人たちも言葉をかけられません。しかしそれを誰かに話せる状態になってきたら、つまり言葉にできるようになったら、以前と比べれば心は随分軽くなっている。そんなことはありませんか。

遊びにもとても不思議な力があります。子どもにとって辛いことがあった時、そしてそれを話すことができない時、子どもは遊びの中でその辛い出来事を再現します。よく知られた例としては「地震ごっこ」です。地震があった後には、なぜか子どもたちは遊んでいる中で地震ごっこを始めます。そしてしばらく経つともう地震ごっこをせずに済むようになります。友達からのいじめや家庭内の不和など、子どもたちにとって辛くて仕方ないことが、少し時間と場所を隔てた状況では、遊びの中で少しずつ表現されていく。そうして子どもたちは成長していきます。

そしてこの二つのこと、言葉と遊びの組み合わせ「言葉×遊び」は、こころが軽くなる方法としては、お

心理的柔軟性

内的世界への気づき

哲学的対応

コーピングスキル

そらく最強なのではないかと思います。私もなかなかできることではありませんので、ここでは私なりに考えていることを紹介しようと思います。

この「言葉×遊び」の典型は笑い話です。ある出来事や体験したことが言葉になるだけでも随分心が楽になっている証拠ですが、それをさらに笑い話にすることができたら、そのことはもう、ただの辛い、悲しい、腹の立つ出来事ではなくなっているはずです。引き裂かれるような思いや、チクチク、ピリピリとした体験は、もう引き裂かれずに繋がっていて、痛がゆいような体験になっていることでしょう。しかし悲しみや怒り、辛さ、やるせない気持ちが強ければ強いほど、それをいきなり笑い話になんてできるはずもありません。「言葉×遊び」が強力であることは間違いないと私は信じていますが、当事者にとっては、これほど難しいものもありません。ですから、今すぐ、あなたが笑い話にする必要はないのです。

ところで、あなたは笑い話が好きですか。落語、漫才などもありますし、テレビやラジオでも笑い話に溢れています。笑い話のネタはさまざまですが、大失敗の話は面白いですし、間違いや勘違いも面白いです。世の中の不条理の話が怒りや悲しみ混じりに話されても面白いことがよくあります。私たちは自分にはできないことを他の人が代わりにしてくれると、それで少し気がすむところがあります。他の人たちが、どうしようもない体験を笑い話にしているところを見て聞くのです。それで私たちにできることとしては十分ではないでしょうか。そうは言っても、気持ちを軽くしようと思って、わざわざテレビやラジオをつけようと思う必要もなく、ただただ面白いと思う笑い話に引き寄せられたらいいのです。それだけです。そしてよく「いつか笑い話になる日が来るよ」というように、自分が当事者となっている出来事や体験も「いつか笑って話せる日が来るのかなぁ」と焦らず待つしかありません。

他に、遊びになる言葉といえば、「あだ名」です。これも難易度が高いです。ちょっと間違えるとただの悪口になって、かえって後味が悪くなりますから気をつけなければなりません。威張っている人に対して、何も言い返せないと腹が立つばかりですが、「社長」とでもあだ名をつけてみたら少しは気持ちも落ち着きます。私はあまり変なあだ名をつけられることがないのですが、中学生の時に「ムカデ」というあだ名をつけられたことがあります。中学校1年生の冬に、私は自転車で事故を起こし、額に20針も縫う怪我をしたことがありました。怪我のあとしばらく入院し、脳の精密検査もした後に包帯を巻いて学校に行ったのですが、男の子友達が、包帯をめくって傷を見て、笑いながらつけたあだ名が「ムカデ」でした。私は表面上「言うなー！」と怒っていましたが、今思うと全然悪い気はしていませんでした。むしろまあまあ気に入っていたあだ名だったかもしれません。当時の私は、多感な時期だったこともあり、額に大きな傷を負ってしまったことを人からどう思われるのかを気にしていたところがありました。ところが「ムカデ」と名付けられたことで、自分でもこの怪我は「ムカデ」と人が笑えるくらいのものなのだと、気持ちが軽くなったのです。よくファンタジーの物語などで得体の知れない妖怪のようなものに襲われそうになるものの、その妖怪の名を知り、その名を呼べば容れ物に閉じ込めることができたり石ころになったりという話がありますが、まさにそのような感じです。怪我や入院で大きく膨らんでいた不安が、「ムカデ」と名付けられたことによって、急にしぼんで手中に収まるくらいのものになったのです。

他愛のない「言葉遊び」、つまりダジャレやオヤジギャクのようなものにも、私たちを助けてくれる力があります。仕事で面倒な会計係に連続して当たってしまった時に、「会計ガッカリ、会計ばっかり」とつぶやいてみたりすることです。ここで書くのも恥ずかしいくらいのつまらないダジャレですが、あまりのつまらなさに、そんなダジャレを言っている自分を笑えてきたら、それはそれで気分転換になります。年を取ってきて病気も増え、一日に数軒の病院に通うことになった人が、「今日はハシゴ」などと言っていたら、笑ってしまいます。家事も子育てもしない夫のことを「大きな子ども」というのも常套句ですが、それも言うと多少なりとも気持ちは変わります。

決して楽ではない状況、辛い時でも、何か面白い言葉遊びにならないかな？と考えてみたり、この人にどんな名前を付けてやろうかと考えてみたりするのも、それ自体が面白いものです。

（金子周平）

41 人生に魔法は起こらない

気持ちがすっと晴れて、悩みがなくなる。元気が出てきて、活動的で社交的にもなって、笑って楽しく過ごす。もし自分にそんなことが起これればどれだけ良いかわかりません。人から期待されることにすべて応えるだけの時間やエネルギー、能力があればどれだけ良いでしょうか。お互いのことをよくわかっていて全く気を遣わなくても良い友人やパートナーができたら言うことがありません。争いがなくなって、嫌なことを言ったりしたりする人もいなくなり、困っている人がいればみんな助け合う。そうなればどれだけ良いでしょうか。戦争も人殺しも自殺もなくなって、犯罪もなくなって、人を傷つけたり騙したりする嘘もなくなればいい。そんな風に思います。

しかし人は長く生きれば生きるほど、たくさんの辛い出来事、元気がなくなるようなことを経験します。嫌な人にも多く出会うでしょう。自分では人の期待に応えられないという体験もし、そのことを認めざるをえません。人が傷つけあう出来事、人が人を殺したりする事件も、ニュース番組を見ればいつでも報じられています。そうして「人生にそんな奇跡みたいなことは起こらない、魔法は起こらない」と思うようになるのかもしれません。

確かに、私もまだ四十年くらいしか生きていませんが、最初に書いたような夢のようなことが起こったことはありません。極端な例を挙げてみれば、子どもの頃に「自分は死なない」と思っていた人も、今や大人になって、やっぱり自分も死ぬものだと思うようになっています。子どもの頃には、いつか大金持ちになって毎日遊んで暮らすんだと言っていた人も、人並みに生活できればよいと言うようになります。いつか白馬に乗った王子様が来てくれるんだという夢を本気で信じていた人も、もう王子様でない人と結婚をしていたり、諦めて一般人の中からいい相手を探していたりしています。それと同じように、さまざまな魔術的な期待は、諦めていかざるをえないのです。

そうして魔法や奇跡に対する私たちの期待は、年々少なくなっていくのでしょう。元々そのような期待は幻想にすぎなかったわけですから、その幻想が崩れることは決して悪いことではありません。理想に生きるのではなく、現実が分かるようになってきた、そして合理的に考えることができるようになってきたということです。

魔法や奇跡に期待をすれば、必ずがっかりします。魔術的な解決法に期待したって、何も起こりません。理想的な自分になりたいと願えば、そうはなれない自分の首を絞めることになります。高すぎるハードルを自ら設定しても、そのハードルを超えられず自らに失望するか、足をくじいたり怪我をしたりするのがオチです。

無理をしてはいけません。魔法を起こそうとしてもいけません。自分にできることは、日々の生活の中でできる分だけなのです。それで十分やっていて、それ以上のことはできないものなのです。自分の能力以上のことなんて、逆立ちしたってできません。それが等身大の自分というものです。経済的にも、平均か平均以上のお金があればラッキーじゃありませんか。平均をやや下回ったとしてもそれなりの生活ができていると本人が思えたら、それで十分でしょう。人は別の人に生まれ変わることはできませんから、自分らしく、自分のやり方で、自分のペースでしかできないのです。そんな風に考えると、少し力が抜けませんか?

しかし私たちの中には、まだどこかでそんな奇跡や魔法が起こるといいなと思っている部分があるような気もします。もうすっかり忘れかけているかもしれませんが、心のどこかには、夢のようなことを思い描いている部分が少し残っていませんか。

今日も宝くじ売り場には行列ができています。パチンコや競馬、ボートレースなどのギャンブルで大きなお金をかけている人もいます。「本気で当たるとは思っていない。夢を買っているんだ」という人もいますが、多少なりとも奇跡が起こることに期待はしていることでしょう。有名人になるために日々、音楽や演劇、運動などをがんばっている人たちもいます。多くの人を救うこと、理想的な社会、世界平和を夢見ながら、文章を書いたり、製品を作ったり研究をしたりしている人もいるかもしれません。また恋愛では運命的な出会いを求めている人もいることでしょう。もちろんごく一部分にはそうした奇跡的な夢を実現させる人もいるわけですが、ごく一部分にすぎません。どうしても私たちは、「自分の身の丈にあった生活でいいのだ、等身大の自分でいいのだ」と、納得しきれないところが残るようです。それはもしかすると私たちの能力の限界で、夢物語を捨てきれない未熟さが残っているだけかもしれません。

私たちが未熟だからでしょうか? それでも、こうした期待を捨てられない未熟なところがあるために、私たちはがんばろうとしますし、元気を出してやっていこうとします。上昇志向も持ちますし、オシャレもするでしょう。そうして私たちが日々成長、変化しているということに注目してみると、魔法への期待も悪くないということになりませんか。小さい頃から年々弱くなってきた私たちの魔法や奇跡への期待は、ある程度のところで下げ止まり、小さな期待を持ちながら生きていく、そんな風にして生きているのではないでしょうか。日々元気にやっていくために、自分にも、他者にも、社会にも、そして運命にも期待をして、そのために相応の努力をすることが、いい生き方なのかもしれません。

するとあくまでも「人生に『大きな魔法』は起こらない」というだけであって、私たちはさまざまな期待をしながら生きていて、「日々少しずつ変化・成長するという『小さな魔法』が起こっている」と言えるのかもしれません。よくよく考えてみれば、不思議なことに私たちは日々、死ぬまで変化することができますし、成長することができるわけですから、それこそ魔法なのかもしれません。

（金子周平）

心理的柔軟性

慢性的ストレス

哲学的対応

42 一生懸命、休むこと

ワーク
ライフ
バランス

行動
レパート
リー

急性的
ストレス

気持ちが疲れた時に、皆さんはどうされますか？

お父さん世代の方にお勧めするのは、好みの喫茶店をもつこと、です。

複数知っておいて、気分によって、使い分けるのがいいでしょう。今日は、あの喫茶のあの珈琲が飲みたい。あのサンドイッチが美味しかった。あの喫茶には、雑誌がたくさんある。あの喫茶では、これをやろうと決めていく。仕事そのものよりも、スケジュールを整理するなどがよいです。

疲れてご相談に来られているお父さん世代の方に、尋ねます。「自分の時間ってありますか？」と。

皆さんはどうでしょう？　自分の時間ってありますか？

私は、自分の時間があるだけ、仕事ができると思っています。自分だけになれる時間と言ってもよいかもしれません。

ここにはがんばりや迫られるなどの焦りはありません。

「がんばらないと」とか、「焦るからやらないといけない」などの気持ちは大切ですが、どうしても気持ちが急かされています。時には、その思考に支配されているような自分に気がついて愕然とします。「好み」は、感覚です。何となくいい。自分に合う。そこにはロジカルな説明は必要ありません。感性的で、直感的です。

仕事では、多くの場面で、ロジカルな思考が中心です。ロジカルに詰めて考えます。成果が上がるための最短のスケジュールで考えます。少ない労力で、多くの成果を上げることが重視されます。そのスケジュールに自分は組み込まれ、不自由になっていきます。自分は自分ではなく、ある役割であったり、組織の一部の機能であったりします。

上司と部下の間で調整に苦労したり、取り引き先に深く頭を下げるのは、その役割としての責任を全うしようとするからでしょう。

「自分になる時間」が必要なのは、そういった日常の中で「自分ではなくなってしまう」からです。心の隙間もなくなります。心がギスギスして、知らぬ間に部下に当たったりしてしまう。

企業のお父さんたちの悩みを聴くと、多くの方が、自宅と会社を毎日往復している場合が多いです。毎日毎日、同じルートで、同じ時間に、そして、帰るのはとても遅い。本を読むのも、寝る前だけで、それは睡眠薬代わり。夕食という夜食と一緒にお酒を飲むのが唯一の幸せ。

「運動も最近していないなあ」と呟かれます。

そんな時に、私はすかさず、焚きつけます。

「喫茶店っていいですよ」と。

不思議そうな顔で問われる。「どうしてですか?」先生は何を言い出すのですか? と不思議そうに眼を大きく開きます。

「喫茶ででてくる珈琲っておいしいですよ、なんだか、ゆったりするのです。……生活の中に、自分の時間をもっていますか?」

「そうですね、たしかに、以前はよく行っていたのです。確かに、ゆっくりしますね」

「あれは、自分になれているからです。会社では役割に拘束されますよね」

「自分になるかあ。いいかもしれませんね」

「そうですね。働いた分、ケアされることが大切なんです。誰かが煎れた珈琲。それは大切にされていることなんです。私も、好みの喫茶店をもっていて、時々そこに行きます。生き返ります。仕事とは別の世界を持つことが大切だと思います。行くと行かないとでは、全然違うのです。仕事もはかどります」

「そうですね。嫌々、仕事をしてもはかどりませんよね。残業しても、頭が回らないから、効率が悪い」

「してあげるばかりでは心が擦り切れてしまいます。自分を大切にすることです。『一生懸命、休む』ことが大切です」

「そうですね。土日にまた行ってみます」笑顔がこぼれる。

自分だけの時間、自分自身になる時間。

ちょっとした生活が変われば、世界の見え方も変わるのではないでしょうか。誰かに煎れて頂いた珈琲を、自分だけのために。そんな時間をお過ごしください。少しだけ、直感が働いてきて、あなたの心を自由にしてくれるはず。


(竹森元彦)

ワーク ライフ バランス
行動 レパートリー
急性的 ストレス

43 自らに問いながら生きること
――楽しく生きる秘訣って？

毎日を楽しく生きるための秘訣って何でしょう？　楽しいことをすればよい、贅沢なことをするなどと答えられると思います。でも、贅沢なものを毎日食べていたら、それが美味しいとは思えなくなるかもしれません。どうも、贅沢がたくさんあっても、楽しいことばかりとは思えないようです。

ある友人のお話をします。その方は、大学は経済学部でした。「大学に入って自分の好きなことをやりたい」と、経済の勉強をしながら、就職までの時間を自分の好きなように使いたいと張り切っていました。大学に入学して、思いました。どうも違う。「たしかに、大学の授業は知識にはなるけど、生きている人間の姿が見えない。自分が求めていることとは違う。どうしたらよいのだろう？」と。刻一刻と毎日が過ぎていきます。下宿に閉じこもり、その焦りを忘れるようにゲームをして過ごした時もあったそうです。

下宿に閉じこもるその友人の苦しみの姿は、自分を問う若者の姿であったと思います。自分はどう生きるべきか、何のために大学に来たのかと無力感に苛まれ、何の切り札もないまま日々が過ぎ去ることに疲れてきたのでしょう。

そして、ある時、動き始めました。大学を休んで、東南アジアへと荷物一つで旅をしたのでした。「地に足

心理的柔軟性

内的世界への気づき

哲学的対応

の着いたことをしたい」。そう思って、世界を見ることにしました。

安宿に入ると、世界中の人がお互いのことを話しています。宿泊者は順番に、こういった想いでここに来た。俺はこうだ。私はこうこうだと語ります。ついに、自分の番がまわってきて、片言の英語で、「日本から来た。世界をもっと知りたかった」と伝えると、拍手が沸いたのです。「これでよいのだ。素の自分のままで、よいのだ。自分の気持ちを大切に生きればよいのだ」。世界に出ると、失敗だらけ、知らないことだらけでした。なにひとつわからない。しかし、体験して学べばよい、本当の知識をつけることが大切。そのままで生きることに自信をもてました。

彼は、大学を卒業するときに思いつきました。「日本を変えていくような仕事がしたい」と。そして、問うたのです。「日本を変えるためにはどうしたらよいのか?」。それは、彼の存在をかけた問いでした。そして思いました。「教育ではないか」。経済学部を出ているからこそ、教育の重要性がとてもはっきりと見えました。特に、最も育ち盛りの小学校で教師として教えたいと思ったのです。卒業後は、就職することはなく、小学校免許が取れる通信制の大学に入学されたそうです。親からの仕送りは断って、アルバイトをしながら、何とか通いました。何よりも、自分のために決めたことですから、親に迷惑をかけられません。通信制の大学に入ってからは、偶然出会った音楽の勉強もしました。知らないことを学ぶことは面白くて仕方がなかったのです。生活の足しにしようとパチンコにも行きました。そこで何よりも面白かったのは、その世界では日常生活では出会えない、いろいろな人と出会うことができました。いろいろな世界があることを知りました。

その数年は、その後の教師生活に大きな実りを与えてくれました。学校の外の世界は、任せるに足るだけの力を持っていること。知らない方々との対話が、勇気と知恵を与えてくれること。教師だって知らないことばかりだと〝本当に〟知っていること。世界を歩いたからこそわかる。世界は知らないことで輝いている。知らないことを知っているからこそ、子どもたちに「先生にはわからないから教えて」と問うことができるのです。子どもたちにとっての答えはその子たちの中にしかない。

小学校の教師となったその友人は、日々の授業の中で、いつも子どもたちに問いかけます。例えば「日本は少子高齢化と言われるけど、どうしたらよいと思う?」と、質問をします。この「どうしたら」は、〝How?〟で問うオープン・クエスチョンなのです。オープン・クエスチョンでは、多様な答えがすべて正解です。それぞれの子どもたちの答えがあったらよいのです。その問いから想像を膨らませて、創造的な考えを展開します。その問いはずっと子どものなかで生き続けるのです。わからないので大人にも相談し始めます。そして子どもたちは「もっと地元を日本全国に宣伝する必要があるのではないか」「もっと多くの人に知ってもらいたい」と、自分達でできることないのか? と探し始めます。

私はこの友人の話を聴きながら、この友人の言葉に秘めた真実さが、子どもたちの心を動かすのだと思いました。

皆さんは、自らへの「問い」をもっていますか? 擦り切れていませんか? 大きな問いでなくてもよいと思いますが、いえ、どうせだったら、自分に大きな問いを投げましょう。大風呂敷を広げてもよいのです。どうしたら大金持ちになれるのか、日本一になるためにはどうしたらよいのか、どのように生きていけば

心理的柔軟性
内的世界への気づき
哲学的対応

よいのか。この社会を変えていくためにはどうしたらよいのか。その問いを抱えながら、日常を見まわしてみましょう。ありふれた風景が、少しだけ、新鮮に見えてきませんか？、カラフルに見えてきませんか？

そして、その話を誰かに聴いてもらいましょう。誰かに聴いてもらっただけ、その問いは、あなたのものになってきます。その問いのために、何をしたらよいのか、新たな問いが生まれてきます。仕事の中で、その問いに応えるやり方はないでしょうか？　趣味の世界で、その問いにどう答えることができますか。同じことを考えている方と話をしてみるのもよい考えです。きっと、受け入れてくれます。二人の中で、問いはもっと広がります。

「どう生きるのか」という問いは、日々を生き生きと彩ってくれます。生きている心地がしてきます。完成や終わりがないのだから、もっともっと学びたくなります。

長く人生を生きてきた大人こそ、自分への問いを持っていたいなあと思います。

子どもたちに「どうしてだと思う？　教えてくれる？」と問える大人でありたいですね。そんな大人が近くにいたら、子どもたちは内に芽生えつつある創造性や個性を伸ばすことができるでしょう。「どうして？」「なぜだろう？」と自分に素朴に問うこと。その問いがあれば、毎日が不思議なことばかりで、ワクワクと楽しいですよね？

（竹森元彦）

心理的柔軟性

内的世界への気づき

哲学的対応

44 今を軸足にフットワークを軽くする

考えてみると、僕たちは「今」を生きていないことが多いように思うのです。いや、多すぎる。

「え？　え？　どういうこと？」

あなたは、きっとこんなふうにちょっぴり戸惑ったのではないですか？　あまりに唐突過ぎる出だしだからです。本来、言葉によるやりとりは、それ以前の話の上に「今」の話がのっかります。「過去」の話を理解したうえで「今」語られていることの意味がわかる。そして、「この先にこんな話がつづくのかなぁ」という近い「未来」を、やりとりの中にみている。言葉によるやりとりとは、「過去」「現在」「未来」という絶妙な時間軸のなかで繰り広げられる営みでもあります。

このように、僕たちは過去や未来をうまく利用しながら、現在を生きています。ところが、過去や未来の使い方を誤ってしまうと、とたんに今が苦しみで満たされることになる。

たとえば、過去の出来事を思い出して、「あの時ああしておけばよかった」と後悔したり、「なんで私を助けてくれなかったの」と怒りを感じたり。まだ訪れていない未来に目を向けて、「破産して家族が路頭に迷ったらどうしよう」と不安に感じたり、「この病気はもうよくならないから、私の人生はおしまいだ」と絶望し

心理的柔軟性

慢性的ストレス

コーピングスキル

てみたり。

こんなふうに、過去や未来にまつわる物事に注目しすぎて、そのことを考え続けていると、心の体力は間違いなく奪われてしまいます。過去も未来も、「今」を使ってどうすることもできないからです。カウンセリングに訪れる人の多くは、語りの内容は違っても、過去のことで傷ついたり、未来のことで不安や絶望を感じたりしていることが多いように思います。

とはいえ、僕たちは過去や未来にまつわる考えに囚《とら》われている時、簡単にはそこから抜け出せません。そんな時、とても力強い味方になってくれる存在がいます。それを味方につけると、こうした苦しみは限りなく小さくなる。

その心強い味方とは、「今」です。考えてみると、僕たちは「今」を生きていないことが多いように思うのです。いや、多すぎる。（ここで、ようやくこの話の冒頭のフレーズが登場。そりゃ、そこだけ読んでも「?？」なハズだ。）

たとえば、お菓子を食べていて、口の中はまだ「バリバリ」噛んでいるのに、手は菓子袋に延びて別のお菓子をつまんでいた。なんてことないですか？　これは、今食べているものを存分に味わうことなく、先に食べるものに意識が向いている。車を運転している時、道中どうやって運転したかまったく覚えていないのに、数キロ走っていた。なんてことも、よくありますよね。どちらの話も、ありふれた日常です。そして、「心ここにあらず」で、今を十分に味わえていません。

「たかが短い時間のことだから、別に構わないじゃん」と思うかもしれません。でも、そのような過ごし方

心理的柔軟性
慢性的ストレス
コーピングスキル

はその時だけで終わるのでしょうか。その後もずっと続いているのでは。もしかすると、一生……。どうですか？　少しでも、「今」に立ち返ってみたいと思いませんか。

　では、過去や未来に目が向いて、頭の中に嫌な考えがグルグルしそうな時やしている時、どうやって今に戻ればよいか。嫌な考えのあとに、「と思ったんだね」と優しくつけ足してみてください。目を背けたり、どっぷり浸るのではなく、できるだけ優しく「と思ったんだね」と、その考えを眺めてあげるのがコツです。これ、何をやっているかというと、嫌な考え「それ自体」をあるがままに眺めようとしているのです。

「あの時ああしておけばよかった……」というように、僕たちは悲観的な考えを通して物事を見るからつらくなるんです。そうではなく、「あの時ああしておけばよかった……と思ったんだね」と、頭に浮かんだ考えをあるがままに優しく眺めるのです。こうした態度は、その考えを良い悪いで評価したり、鵜呑みにしたり避けたりするものではありません。ありのまま眺める。ただそれだけ。

　そして、自分の意識を、今していたことに戻してあげます。本を読んでいて、「今晩のおかず何にしよう」と思ったら、「今晩のおかず何にしようって思ったんだね」と優しく受け止めて、本に注意を戻すのです。この時、今していることに慌てて意識を戻そうとしないでくださいね。嫌なことを考えたくない一心でそんなことをしても、必ずココロの隙間からその嫌なことは漏れ出てきます。優しく受け止めるというのは、否定も肯定もせず、「そんなふうに思ったんだね」と認めてあげるということです。

　もしも、あなたが過去や未来に注目しすぎて、嫌な考えが頭の中をグルグルしていたら、「と思ったんだね」と優しく受け止めて、今していることに意識を戻す、ということをその都度繰り返してみてほしいので

心理的柔軟性
慢性的ストレス
コーピングスキル

す。そんなことをしているうちに、心のフットワークは軽くなり、過去や未来の苦しみへと簡単に持って行かれずに、今に立ち戻る「時間軸の反復横跳び」がとてもうまくなっているはずです。

そうやって、「今」に立ち戻れたあなたは、何を楽しみますか？

（竹田伸也）

45 大切にしたい価値に沿って生きる

僕の親友の話を聞いてください。

彼は学生の頃、あるアパレル関係のバイトをしました。その時の仕事がおもしろくて、大学を卒業したらそのままそこに就職したのです。彼は工学部出身だったので、父親からは「おまえをそんな会社に勤めさせるために、大学に行かせたのではない」とこっぴどく叱られたそうです。

その後、彼は店長まで上り詰めたのですが、以前からしたいと思っていた自営業を始めるために、その会社を退職しました。そして、それまで貯めたお金を元に、海外に出向いて自分の目で買い付けた古着を扱うお店を、都会のとある街に開店したのです。彼の店は順調に売り上げを伸ばし、店舗数を増やすまでに成長しました。

ところが、その後同じような店が近隣に増えるにつれ、売上は下がり店舗数も減らさざるをえなくなりました。ちなみに、彼が退職したアパレル会社は、その後急成長を遂げ、もしそのままそこで働き続けていれば、実力のある彼はもっと責任のある立場に上がり、収入もきっと今より多かったでしょう。

「なんてもったいない」って思いませんか？　誰もが知ってる大手企業を辞めて、独立したものの今は鳴かず飛ばず。こんな状態を、あなたは「失敗」と評価しないでしょうか。

ところがです。僕は、彼が会社を辞めたことを後悔したり、店の売り上げが伸びないことを愚痴ったりするのを、一度として聞いたことがありません。むしろ、「少額でなんとかなる業界やから、また作り直すで」とあっけらかんとしています。彼にとっては、失敗ではないのです。僕には、そんな彼の姿がとてもまぶしく映ります。

彼はなぜ、このような態度でいられると思いますか？ それは、彼が「自らの力で商売をする」という価値に誠実に生きているからです。

人には、人それぞれに「大切にしたい価値」があると思います。その価値に近づこうと何かしら行動してみて、傍目には失敗に見えるようなことがあっても、それはきっと本人には失敗と映りにくいはずです。だって、自分の大切にしたい価値に沿って生きているから。

「自分に価値があるだろうか」と悩んだりする人がいますが、そんな問いかけに意味なんかありません。なんでかというと、自分に価値があるかどうかは、すべて自分のとらえ方で決まってしまうからです。自分のとらえ方次第でどうにでもなる「不安定な価値」なんて、真に受ける必要ないんです。

そうではなく、自分が大切にしたい価値に目を向けるようにすればよいのです。輝いて見える人っていますよね。彼らが輝いて見えるのは、自分の価値を実感しているからではなく、自分が大切にしたい価値に誠実に生きているからなんです。ブレない生き方をしている人は、自分に自信があるからそうできるのではなく、自分が大切にしたい価値に誠実に生きているからそうあれるのです。

ワーク
ライフ
バランス
心理的
柔軟性
哲学的
対応

では……。あなたが大切にしたい価値は、なんですか？　大切にしたい価値が浮かんでこなければ、「自分」「家庭」「仕事」「地域」「人類」のいずれかで、「こうありたい」と思うことは何かを考えてみてください。どんな価値であれ、それをあなたが「大切にしたい」と思えたら、それでいいんです。決して大そうな価値を掲げる必要なんてありません。というか、その価値に自分が意味を感じることができれば、それが大きいだの小さいだの関係ないんです。

大切にしたい価値が見つかったら、その価値にそった行動を考えてください。何をすれば、その価値に向かうことができるでしょうか。難しいことを考える必要はありません。現実的でさっそく今日から実行できそうなものを考えてみてください。

その行動をしようかどうか迷ったり、その行動をしていてつらくなったりしたら、自分にこう尋ねてください。「その行動は、自分の大切にしたい価値に適っているの？」と。そうした行動を重ねると、自分が大切にしたい価値に適った生き方が広がります。豊かな人生というのは、きっとそういうことを言うのだろうと、僕は思います。

ただし、「他人から認められたい」のように、他人からどう見られるかを、大切にしたい価値にしないでください。そんなことをすると、あなたが大切にしたい価値は他人の評価次第ということになってしまいます。他人がどう思おうが、自分が大切にしたい価値に誠実に生きる。きっとそれだけで、人生の清々しさは深まります。

ちなみに、僕の大切にしたい価値の一つは、「生きづらさを抱えた人が、生きやすくなるような世の中にな

ワーク
ライフ
バランス
心理的
柔軟性
哲学的
対応

る」です。だから、僕は今、力を込めてこの原稿を書いています。

僕には、大切にしたいこんな価値もあります。「自分をいたわってあげたい」。なので、これから冷たいビールを飲んで自分を癒してあげるとしましょう。

（竹田伸也）

46 今日は何の日？

年に1度のお誕生日、それは特別な日ですね。しかし、誕生日プレゼントは年に一度だけ、そして、誕生日じゃない日プレゼントは残りの三六四日のいつでももらえるじゃないか。そんなあべこべな主張を自信満々に語るのは、『鏡の国のアリス』に登場するハンプティ・ダンプティです。ディズニー映画「ふしぎの国のアリス」では、三月ウサギといかれ帽子屋のお茶会で、誕生日じゃない日を、飲めや歌えやと賑やかにお祝いしていました。

この延々と続く「何でもない日」は普段の生活つまり日常です。一方、お誕生日のごとく、特別な節目となる楽しい日が時折やってきます。このような「ハレとケ」（非日常と日常）を区別し、そこにリズムを感じる世界観があるのは、特に日本人の暮らしの特徴であると、柳田國男は見出しました。

「ハレ（晴れ）」の日とはまれな非日常であり、特別な記念日などがこれにあたります。人が集って特別な飲食をおこなう日であり、昔には、穢れを祓って「晴れ着」を身に着け、神仏詣でをする日でした。現代でも、お正月、成人式、結婚式のほか、入学式・卒業式などの式典、小さいところでは端午の節句など季節の行事もそれにあたるでしょうか。このような非日常には、心が普段の雑事から切り離され、神仏あるいは森羅万象に向かう仕組みがあります。ただ、近年ではお正月でさえ、スーパーマーケットもコンビニエンスストアもレストランも普通に営業していますし、昔のように年末に床屋に行って清らかに新年を迎えるなどという話もあまり聞かなくなりました。あらたまって迎える日というものが減ってきている気がします。

一方、変わり映えしない、地味に見える繰り返しの日々が「ケ（褻）」の日常です。起きて、働き、疲れて眠る、名もない一日の繰り返し、と言ってしまうと凡庸な感じがしますが、煩わしいことも小さな幸せも日常の中にあり、わずかな選択次第で将来が変化しないとも限りません。そこでおこなっている工夫や暮らしぶりが「習慣」であり、それを丁寧に送る居住まいがその人らしさそのものかもしれません。「平凡な人生を送ることがいちばん難しいし立派なこと」と教えてくれたご老人がありました。

ベストセラーになった『フランス人は10着しか服を持たない』（大和書房）という本は、カリフォルニア在住のジェニファー・スコットさんがホームステイで知った、フランス人のミニマムで丁寧な普段の暮らしぶりを綴ったものでした。食事や服装などちょっとしたところに上質を紛れ込ませる一工夫と、家庭を大切にする日々の思いが素敵です。私たちの「ケ」もこうあれば毎日少し「ハレ」要素を紛れ込ませることができそうです。ただし柳田國男は、「褻《け》」はそのままで「渋いという味わい」があるとしています（『明治大正史世相篇』新装版、講談社学術文庫、一九九三年、二九頁）。

こんな毎日のアクセントに、何でもない日を記念日にして遊んでみるのはいかがでしょうか。インターネットがこの遊びを助けてくれます。二月一〇日は布団の日。六月一〇日は時の記念日、七月六日はサラダ記念日、九月二〇日は空の日です。それぞれなぜこの日なのかを調べてみると、思いがけない歴史や文学の知識を得ることができますよ。好奇心を満たす新規な情報を得たいという欲求は、人に生まれながらに備わり、それを満たすことは小さな喜びの貯蓄になりそうです。

何でもない日にも案外いろんなドラマがあるもので、考えてみれば、日々に数字をふった暦とは、面白いものです。原始人にはこのようなものはなく、十年一日の如く暮らしていたのでしょうか。暦があるから区切りがあり、ハレとケがあり、サイクルがあり、語呂合わせまで生まれます。

それを人と共有するのは楽しいことです。私は大学で働いているのですが、ある年の十一月十一日に学生がポッキーの小袋をくれました。1、1、1、1と棒が4本並んでいるので、ポッキーの日だそうですね。見ると何人かが集まって、嬉しそうにポッキーをかじっています。ポッキーの日に数百円ふんぱつしてポッキーを買って食べる。近くに知り合いがいたらあげる。こんなちょっとしたゆとり（遊び）は良いものです。また別の日で、一二月二一日は上から読んでも下から読んでも一二月二一日なので、「回文の日」とされているそうです。面白い回文をインターネットで探して、ポッキーのお返しに、私も学生に紹介しました。

日にちで遊ぶ。その他、自分や友人の誕生日を検索してみたら、思いがけない著名人と同じ誕生日だったと気づくことがあります。それが気に入るか気に入らないかは自由です。

筆者が見つけた面白い偶然をご紹介したいと思います。十一月二日の授業の枕に小ネタを探していましたら、その日はマリー・アントワネット（フランス王ルイ16世の王妃）のお誕生日だそうでした。実に、江戸時代の沙門（僧侶）で歌人・書家の良寛和尚も、同じ十一月二日生まれだそうです。当時の暦では宝暦八年一〇月二日生まれとのことですが、これは西暦一七五八年十一月二日にあたるそうです。そして、マリー・

心理的柔軟性
哲学的対応
コーピングスキル

アントワネットの生年は一七五五年ですから、なんとこの二人はたった三歳違いで同じ日に生まれた同時代の人でした。マリー・アントワネットは三七歳で断首台の露と消え、良寛さんはお寺に住み托鉢をして七二歳まで歳を重ねました。地球上のあちらとこちらで同じ時を過ごしていた二人です。互いの存在を知り、お誕生日が同じだと知ったら、二人はそれぞれの歩みに何を思うでしょうか。

きっと幸せとは特別な良いことだけではありません。日々の思い、期待、ただ共にあること、そして悩みさえも、それらが目の前に続いてある限り、かけがえのない、無垢な日常の幸せなのかもしれません。だとすれば、何でもない日は、無垢に遊んでみませんか。あなたは何を「何でもない日」の楽しみにできそうですか。

（進藤貴子）

47 何でも、聞いてみる

テレビの見すぎかもしれませんが、職質（職務質問）の神様と言われるような警察官の慧眼はすごいものですね。時間帯、場所、動作、身なり、表情、車のメンテナンスの状態など、あらゆる情報を統合して、シャーロック・ホームズさながら、経験から疑わしいケースを割り出していくナレーションを聞いていると、優れた観察眼の真髄を教わる気がします。私の知り合いなどは、パトカーが遠くから近づいてきて、その自転車の鍵は壊れているじゃないかと注意されたそうですから、やはり警察官は目が良いというか、見どころのポイントがあるのですね。

それほど観察眼がすぐれた警察官でも、「確かめる」あるいは「ウラを取る」ことを仕上げとされています。鍵が壊れた自転車に乗っていた私の知り合いも、「すまないけれど」と登録番号を照合され、盗難自転車の疑いはすぐに晴れた、とのことでした。

精神分析家の土居健郎氏は、『方法としての面接』（医学書院）の中で、夏目漱石の小説『彼岸過迄』の一場面を紹介しています。就職を世話するための試験として、主人公である敬太郎に、友人の叔父が尋ねます。「ある人のことを知りたいのでその人を一日つけて知らせてくれと頼まれたら君はどうするか」と。敬太郎

コミュニケーション
心理的柔軟性
コーピングスキル

は、「その人の行動を観察するのも良いが、自分ならそんなまどろっこしいことをするより、本当に知りたいなら直接会って話をしますね」と答えます。なかなか荒削りな応答ですが、叔父は「それだけのことがわかっているなら職を紹介しよう」と上機嫌です。そして「好奇心を以って人間の行動を観察するだけでは足りない。直接会ってその人の話を聞かなければならない」と諭します。

直接話をすることで出会いは始まります。簡単なことなのです。ところが、人に物を尋ねることは意外と難しいものです。かくして、教えてもらえば済むことも、独り合点での回り道が往々にしてあるように思います。

ある幼稚園の先生は、なかなか集団に溶け込まない幼児、皆でやろうとしていることを邪魔してしまう、少し発達の遅れた幼児に苦労しています。その子は例えば、皆で折り紙やかるたをする時に、決まって道具をばらばらにして、あちこちにばらまいてしまいます。そのたびに先生が叱ってもやめようとしません（氏原寛・杉原保史編『臨床心理学入門―理解と関わりを深める』培風館、一九九八年、一〇四〜一〇五頁）。さて、あなたがこの先生なら、どうするでしょうか。

この先生は幼稚園に来ているカウンセラーに相談しました。そして「(その子がそうする)理由があるはずですから、それを探ってみてください」と助言を受けました。この助言を受け、あなたならどうするでしょうか。その子の行動をじっくり観察するでしょうか。その子について知っていることを周りの子に聞いてみるでしょうか。あるいは保護者に家庭の様子を尋ねるでしょうか。

この先生は、その子に直接尋ねます。「なんで、かるたのとき、かるたをばらまいてしまうの」と。するとこの子は、つたない言葉で、自分は全然字が読めないので、皆が楽しそうにかるたをやっていると自分だけ取り残された気持ちになる、それで、かるたができないようにしてしまうのだと、伝えてくれたそうです。ああ、そうだったのか……、そう思った先生が「人がやるのを邪魔するのはいけないことだけど、先生も、気持ちがわからなくてごめんね。今度かるたをする時は、先生と組んでやろうね」と言うと、その子も素直にうなずいたそうです（前掲書）。

このように虚心に、また率直に、質問をすることが私たちにはできるでしょうか。この先生は、その子が落ち着いている時に、二人きりで、優しく尋ねたのだと思います。責める気持ちではなく、知りたい（教えてほしい）という素直な質問が、この子の心を開いたのではないでしょうか。

私が関与している老人心理学の大学講義では、受講生が各自の身近な高齢の方にインタビューをおこないます。科目で学んだことを実際の高齢者の生活と結びつけて勉学のまとめとするためです。年をとるとはどのような経験か、人生いつが良かったかなど、質問してレポートにまとめます。親戚の方に協力してもらう学生も多く、家族の歴史や、おじいさんおばあさんが年をとってこのように思ってやってきたのかということなど、今まで知っているようで知らなかった話をたくさん聞くことができたと、感動が綴られることも稀ではありません。このインタビューレポートでは、毎年、印象深い高齢者の知恵も語られます。ある人は、「横着《おうちゃく》するのは結局いちばん面倒なものだ」と、教えてくれたそうです。今横着をしてすることを後に残せば行事が増えるから、だそうです。またある人は、「失敗が人を育てると言うけれど、失敗はできるだけ避ける方が良い、失敗は傷になるからな」そう教えてくれたそうです。こうした語りも、向き合ってお尋ねするこ

コミュニケーション
心理的柔軟性
コーピングスキル

とから始まります。

お尋ねして疑問が晴れると、心も晴れます。思いがけない答えだと、心が踊ります。相談上手は人生の得です。しかし頼れる相談相手は慎重に見つけなくてはなりません。質問は、適切な相手に、適切な内容でお尋ねしなくては、困って尋ねた挙げ句にもっと窮地に立たされることもあります。質問は具体的でなくてはならないと思います。自分で考えたり調べ抜いてから、どうしてもわからないことを尋ねる。そのような心持ちでいれば、いろんな人に何だかんだお尋ねしてみるのは面白く、役に立つものです。「自分のこころを伝えることは自然である。伝えられたことを、伝えられたままに受け取ることは教養である」とはゲーテの言葉だそうです。

ところであなたは本を読むことが好きでしょうか。きっと本が嫌いではないから、この本を手に取られているのでしょう。膨大な本の中から一冊が選ばれるのは、人と人との縁に似ています。私はあまり読書家ではなく、読む本の数もさして多くありませんが、そういう中でも、自分の心に添うて心動かされる本との出会いが時にあります。気がつくと声に出してうなずきながら、涙ぐんだり笑ったりしながら、ページをめくっていることもあります。また、尊敬する何人かの先生は、たいへんな読書家です。実在の人との議論はなかなか深まらないので、研ぎ澄まされた学術書や古典、名著の著者と、対話をされているのだろうと感じます。まさに「朋あり遠方より来たり。また楽しからずや」です。何かの領域で秀でてゆくこと、第一人者となることには、現世での孤独が内在しているのかもしれません。

誰かに尋ねてみる。ときには心の中の誰かに聞いてみる。本の中の誰かにも。いつの間にか心がスッと晴

コミュニケーション

心理的柔軟性

コーピングスキル

れてくるかもしれません。

ただし、ある程度の年齢になれば、親に言われることは聞き過ぎないほうが良いと感じます。「親の言葉となすびの花は千に一つも仇《あだ》はない」といいますが、賢い親でも、言葉や行動で子どもに仇してしまうことは結構多いように感じます。親の言うことは「話半分に聞く」ことにして、心に留めながらも結論は自分で考えるぐらいが、ちょうど良いのではないでしょうか。

（進藤貴子）

人と人との関係

48 人は自分とは違う生き物

心理的柔軟性

内的世界への気づき

コーピングスキル

「みんなも自分と同じように思っているはずだ」と、人はよく考えてしまうようです。普段の生活を振り返ってみてください。例えばあなたが楽しみにしているテレビ番組のことを考えてみましょう。その番組のことが嫌いな人がいるなんて想像できますか？　あなたが可愛い、かっこいいと思うものを思い浮かべてください。そのことをブサイクだとかかっこ悪いと思う人がいるなんて考えられますか？　あなたの好きな俳優やアイドルが雑誌のランキングで上位にいないのを知って、なんでこの人がもっと売れないんだろう、なんでもっと人気が出ないんだろうか、と歯がゆい思いをされていることもあるでしょう。

みんなも自分と同じはずだと思うのは好みだけではありません。同じように、あなたが昔から知っている知識は、みんなも当然知っているだろうと思い込みがちです。また、あなたが気持ちを動かされた出来事には、当然みんなも気持ちが動いただろうと思いやすいものです。

みんなも同じに違いないと思っていることがあって、その当てが外れてしまうと、場合によっては相手に腹が立ったり、嫌になったり、関わりたくなくなったりすることもあります。だから最初から「人は自分とは違う生き物なのだ」と考えるようにしてみませんか？　それがここでお伝えしたいことの結論です。しかし、せっかくですから結論を急ぐ前に、もう少し考えてみましょう。人も自分と同じだろうと考える傾向は、悩みのタネになるだけではありません。それどころか、人間関係を保つ上で役に立つ素晴らしい能力でもあります。例えば「自分がされて嫌なことは、人にしてはいけない」という人間関係の鉄則も、自分がされて嫌なことは、人もされたら嫌だろう、つまり「人も自分と同じだろう」という推測の上に成り立っています。「相手の身になる」という試みもそうです。本当に相手の体の中に入り込むことは不可能ですから、「もしも相手の人が自分と同じように考えたり、感じたりするとしたら……」という想像をすることによって、「相手の身になる」ことができるのです。ですから、人のことを思いやったり、助けたり、人に害を与えないために、こうした能力は大いに役に立つのです。

話を元に戻しましょう。こうした人の傾向は、一方で悩みのタネにもなることは確かです。例えば、ある人物に対して次のように思うことはありませんか。「大変な時期で私はがんばらなきゃと思っているのに、なんであの人はがんばってくれないんだろう」「この話を聞いて平気でいられるなんて信じられない」「いつも考えなしに動いてばかりで、なんで行動する前に考えないんだろう」「やってみたらわかるのに、どうしてやらないいんだろう。ウジウジ悩んでばかりだから進まないじゃない」「話が長いなぁ、もういいよ」。例えばこんな風にです。ここにあげた言葉は、すべて「なんで自分と同じようにしないんだろう」という考えが含まれています。その人が、自分とは違うやり方、違う考え方、違う感じ方をしているために、「ハァ!? 何この人、信じられない」と思うのです。こんな時に「人は自分とは違う生き物なのだ」と考えることができれば、少しは気持ちが晴れることがあるのではないでしょうか。

心理的柔軟性

内的世界への気づき

コーピングスキル

「人と自分とは違う」ことについて考えるために、簡単な方法を紹介します。まず人をざっくりと三種類に分類してみましょう。思考タイプ、感情タイプ、行動タイプの三つです。あなたはどれでしょうか。本当は人間を三種類に分けることは不可能ですから、ゲームみたいなものだと思って、なんとなく決めてみるだけで構いません。

思考タイプの人は、感情で動くこともあまりありませんし、まずはやってみようと行動から入ることもありません。思考タイプの人たちは、自分と同じタイプ以外の人たちを「考えなし、バカ、気分屋」なんて考えがちです。「考えたらわかるのに。なんで考えないの？」とか「普通は考えるでしょ」という感じでしょうか。

感情タイプの人たちは、雰囲気や気持ちを大切にします。自分の気持ちがどうであるかが重要です。気持ちによって動く、気持ちを尊重することが当然で、それは取り立てて言うまでもないことなのです。感情タイプの人たちは、その他の人たちを「冷たい」とか「気持ちが通じない」「気持ちを分かってもらえない」と捉えがちです。

そして行動タイプです。行動タイプの人たちは、それが考えであっても感情であっても個人的なことを話すのではなく、何かをすることで人と関わろうとする人たちです。行動タイプとはいっても、アクティブな人ばかりではありません。中には「人を避けるという行動をとる」タイプの人もいます。行動タイプの人たちは、他のタイプの人たちをただ敬遠したり、「理解できない」という体験をすることが多いようです。「感情をあらわにする人が怖い」という体験をする人もいます。

心理的柔軟性

内的世界への気づき

コーピングスキル

人はそれぞれ生きてきた経験が違い、物事へのアプローチの仕方が違うのです。こうしてタイプを並べてみるだけでも、「へえ、こんなタイプの人って本当にいるの？」と思われるかもしれません。こうしたタイプが本当にいるとしたら、いかがですか？　あなたの生き方も一つのタイプにすぎず、あなたが信じられない、裏切られた、理解できないなどと思っている人は、あなたとは全く違うタイプの、別の生き方をしている人なのかもしれないと思えませんか？　人は、本当に人それぞれの感覚や体験をして生きているんだなぁという感じが出てきませんか？

このエッセイについて、「ハア？　意味がよくわからん。何ソレ」と思ったあなた。期待に応えられていなかったらごめんなさい。残念です……。もしかすると私もあなたとは別のタイプなのかもしれません。

（金子周平）

心理的柔軟性
内的世界への気づき
コーピングスキル

49 それって誰の持ち場？

コミュニケーション
心理的柔軟性
コーピングスキル

人の心の声が聞こえてきたとしたら、街中にはどんな声があふれることになるでしょう。もし、そんなことが実際に起こったとしたら、僕たちはとても恥ずかしくて、いや、とても怖くて外を歩くことすらできなくなるのではないでしょうか。いずれにせよ、人は無意識に絶え間なく何かを考えたりしている生き物なので、心の声が聞こえてくる世の中なんて、もうほんと、うるさくてたまったものじゃありません。

あなたはきっと、「他人が心の中で考えていることが、声となって聞こえるはずはない」と当たり前のように思っていますよね。だけど、聞こえるはずのない他人の心の声を、僕たちは普段から聞こうとしすぎてはいないでしょうか。

「この誘いを断ったら、つきあい悪いやつって思われるかも」「仕事がうまく進まなくて、私のことダメ人間だと思われたらどうしよう」「こんなこと言って、相手が気を悪くしたらどうしよう」「そっけなかったけど、私が気に障ることをしたから怒っているのかも」いずれも、相手がこちらのことをどう思っているかを気にしすぎています。他人の心の声を聞くことはできっこないとわかっているのに、相手が何を考えているかを一生懸命読み取ろうとする。

こんなふうに、相手からどう思われているかを気にしてしまうと、とにかく疲れてしまいます。そして、相手に悪く思われないために、「こうすれば相手は気を悪くしないだろう」とか「気に入ってくれるだろう」と、めったやたらと気遣いに明け暮れる。こんなことを繰り返して、身も心もクタクタにならないわけがない。

人には、誰しも人それぞれに「持ち場」があります。僕が今この原稿を書いているのは、僕の持ち場で行っています。そして、あなたが今このお話を読んでいるのは、あなたの持ち場で行っているわけです。読む時間が無かったり、興味がわかなかったりしたら、読むのをやめてしまうこともできます。読むか読まないかは、あなたの持ち場の話だからです。

では、相手が何を考えるかは、誰の持ち場になるでしょうか。もちろん、それは相手の持ち場です。相手があなたのことをどう思うかは、相手の持ち場の話です。相手からどう思われているかを気にすると疲れるのは、自分ではどうにもできない相手の持ち場に踏み込んでしまうからです。

ついでに、相手が何をするかも誰の持ち場の話か、もうおわかりですよね。もちろん、それは「相手の持ち場」の話です。〝メールを送った後、返事がすぐにこない〟という状況を想像してみてください。人によっては、「返事をすぐに返さないなんて失礼な人だ」とか「返事をくれないのは、私のことをこころよく思っていないからかも」のように、相手の行為にわざわざ自分がつらくなるような解釈をしてしまいます。

だけど、メールをしたのはこちらが都合のよい時間を見つけてしたにすぎません。つまり、「自分の持ち場」によって、メールを送ったわけです。それを相手がいつ見るか、いつ返事をするか、または返事をするかしないかを判断するといった行為は、すべて相手の持ち場の話です。

こう考えると、人間関係の悩みの多くは、「相手の持ち場」に踏み込みすぎてしまった結果起こっていることが多いことに気づきますね。なので、あなたが人間関係で悩んだり嫌な思いがしたりすると、自分にこう尋ねてみてほしいのです。

「それって誰の持ち場？」

そうすると、自分の持ち場でないことに踏み込みすぎていたことに気づくと思います。だからと言って、人間関係の悩みやトラブルがガラッと変わるわけでもないかもしれません。だけど、持ち場に目を向けてみるだけで、悩めばよいことと悩まなくてよいことを、スッキリ区別することができます。

相手からどう思われているか気になった時、相手がしたことが気になった時、「それって誰の持ち場？」と自分に尋ねてみませんか。そして、相手の持ち場に踏み込みすぎているのがわかったら、それは相手にお任せして、あなたは自分の持ち場でできることをすればよいのです。

もちろん、それをするかしないかは、あなたの持ち場の話ですね。


（竹田伸也）

50 人類みな兄弟

スケールの大きな話のようですが、そんなことはありません。私たちが普段の生活の中で経験する怒りや苛立ち事についての話です。

人類は古来、争いを続けてきました。有史以来、国や民族間の争いが絶えたことはなかったでしょう。戦後しばらくの間、日本は平和であったという認識もあるかもしれません。しかし最近の国際情勢をみると、そうとも言っていられません。これからは私たちの誰もが、国際的な対立や紛争とは無関係ではいられないのかもしれません。ただ、ここでは国際情勢や特定の国の政策について語るつもりはありません。ここで書きたいのは、国際的な関係や、国や民族を超えた人間関係について、私たちが日々どのように考えるかということです。例えば、新聞やニュースで国際的な問題や事件を見聞きして、他の国やその国の人のことに腹が立ったり、許せない気持ちになったりすることもあるでしょう。人によっては特定の国をかなり嫌ったり恨んだりしているかもしれません。それぞれの人の経験や主義主張は尊重すべきことです。しかし、日々の生活の中で、海外の人や国に対して腹を立てて、怒り、恨んで多くの時間を過ごすとしたら、精神衛生上、決して良くはありません。

日本でよく耳にする国際問題の相手は、アメリカ、韓国、北朝鮮、台湾、中国、ロシアなどでしょうか。特にアメリカは基地が国内にあるということで近い存在です。そしてそのほかの国は、排他的経済水域が接している国です。そうした近い国々との間で問題が起こります。近い国ほど利権が絡みますし、動静が気になるのは当然のことです。競争心や嫉妬心も働きやすいかもしれません。時には決して許せない事件が起こったりもします。何十年も何百年も、何世代にも渡って遺恨を残す出来事もあるわけですから、決して軽々しく「怒り」や「恨み」などを手放すべきだとはいえません。

ところでタイトルの「人類みな兄弟」という言葉は、生物学的、人類遺伝学的にみても正しいのだと言われることがあります。正しいとはいえ、「人類みな兄弟」という言葉は比喩にすぎません。比喩ですから、辞書的な意味では、人類はきょうだいであるはずはなく、正確にいえば正しくはありませんが……。「人類みな兄弟」が正しいというのは、次のような意味です。チンパンジーとヒトが進化の中で別れたのは六〇〇万年前で、長い歴史からすれば最近のことだそうです。テナガザルなどはヒトとは随分前に別れていますので遠縁ですが、チンパンジーやゴリラは近縁です。するとヒトとヒトは、民族が違ってもきょうだいみたいなものなのです。また日本人は人類遺伝学的に中国や朝鮮半島から日本海側や沖縄に来た弥生人と、その前から日本にいた縄文人が入り混じった民族だと言われます。ですから日本人と中国や朝鮮、モンゴルやチベットの人たちはきょうだいのようなものだと言われるのです。私たちの間には、いくら相手を憎もうとも、切っても切れない縁があるのです。

ここでいう「人類みな兄弟」という言葉は、何も超楽観的に「みんなとにかく仲良くしよう」というスローガンではありません。また、異なる国や文化、民族の間で起こっている争いを、お互いに許してやっていこうという標語でもありません。酸いも甘いも噛み分けた上で、心を穏やかに、平和を目指すための標語のようなものです。

「人類みな兄弟」という言葉は、国と国の関係を、冷静に捉えるためにはいい言葉だと思います。なぜならきょうだいはよく喧嘩をするからです。特に、お互いにまだ未熟なうちは些細なことでも喧嘩をします。おもちゃの取り合いもしますし、部屋の境界線でも揉め事を起こします。きょうだいがいい目にあっていると自分だって同じ目にあいたいと思います。きょうだいが褒められていて自分が褒められない時などは、足を引っ張ったりもします。きょうだいですから見た目も性格なども似ているところがありますが、そのことを指摘されると躍起になった否定したりもします。そして喧嘩の元になった出来事が一段落したとしても、また別の火種ができると、昔の喧嘩の話が引っ張り出されてきます。もはや第三者には、そもそもの原因が何で、どちらの言い分が正しいのかなんて判断できません。喧嘩が喧嘩を呼び、当の本人たちも何が原因で喧嘩をしているのかわからないようなことだってあります。大人になるときょうだいの縁を切るなんて話も、決して珍しい話ではないかもしれません。相続争いや財産分与や土地の問題などで揉めると、きょうだいだからこそ深い溝ができ、その溝が一生埋まらないこともあります。

きょうだいとはそんなものだという再認識の下に、「人類みな兄弟」という言葉を改めて読んでみるといかがでしょうか。人類は古くから争いを続けてきて、これからも多かれ少なかれ続いていくだろうという意味のように思えませんか。不思議なものです。

心理的柔軟性

哲学的対応

国際問題を、きょうだい喧嘩に見立てて一体何の意味があるのでしょうか？　先にも書いたように、国と国の関係を見直し、怒りや恨みと距離を取るためには役に立つのではないかと思います。あなたが外国人に対して何らかの憤りや怒り、不信感などを感じた時に、「人類みな兄弟」だと考えてみることをお勧めします。きょうだいのようにどうしても喧嘩は絶えないのだという意味で、今起こっている出来事を認識するとともに、一方では、私たちはきょうだいの縁を切れないのだ、家族なのだという意味も認識すると、バランスが取れる気がします。

皆さんの周りにも、きょうだいや家族に困らされているという話を聞くことがありませんか。きょうだいや家族の間で起こる問題は厄介です。厄介な問題が起こりやすいのが家族ですし、その厄介な問題を起こしているのが自分のきょうだいや家族なので、放っておけない。縁を切れたら楽だけど切れない。きょうだいっていい時にはいいけど、こじれると本当にしんどい、そんなものだ。こんな認識で国際問題を捉えてみられてはいかがでしょうか。

（金子周平）

51 育てる側の苦労

仕事を始めて六年目のさつきさんがぶち当たった壁について考えてみましょう。

さつきさんは、今の支店に転勤してきたとたん、いきなり二人の新入社員を指導しなくてはならない立場になりました。いくら仕事の仕方はわかっているとはいえ、初めての支店での手順に慣れるのにかなりのエネルギーを使いつつ、新人二人が実務をこなせるようになるまで育てなくてはならないのです。さつきさんは、これは大変だとびびりましたが、何とか乗り切ってみようと自分を奮い立たせました。

そう思うことができたのは、自分が新入社員だったときに指導してくれた尊敬できる先輩の姿が浮かんだからでした。あの時の先輩も転勤したてで、自分を含めて二人の新入社員を指導してくれたのです。そのとき先輩が自分にしてくれたことを今の自分なら後輩に伝えることができるかもしれない……とさつきさんは思ったのです。

新入社員のときのさつきさんは仕事上の用語もわからず、電話をとっても、何を相手が求めているのかさっぱり理解できないこともあり、「君じゃだめだ。わかる人に変わってくれないか」とイライラした声を電話口でぶつけられて逃げたくなったこともありました。会社勤めを、何だか窓口でニコニコ笑っていたり、パソコンでお金の計算をすればいいくらいに考えていた自分の想像力の貧困さが情けなく、現実の厳しさに毎日打ちのめされていたのです。

当時のさつきさんは、処理の仕方がわからなくなる度にすぐに先輩に聞いていました。なのに先輩はいつも「まず、自分で対処してみなさい」と事務のやり方の手順が細かく載っている「手続き集」を指さしました。どうしてすぐに教えてくれないんだろうとさつきさんは思っていました。しかし、その先輩は手続き集を見ただけではわからないことを聞いたときには、すぐに教えてくれました。そしてきちんと書類を処理できているかどうかをチェックして、「ちゃんとできてるよ」「これはこういうふうにしたほうがいいよね」と、後で必ずフィードバックを返してくれていました。厳しいけれど、温かいフォローをしてくれる先輩のありがたさを、さつきさんは痛感しました。そしてわからないからといって同じことを何度も聞いてばかりいては自分で考える力も仕事も身につかないというプロ意識も、その先輩から学んだのです。

さて、このような体験をもとにさつきさんは後輩指導に取り組みました。案の定、新入社員の二人とも、「手続き集」で確認したらわかるはずのことを何度もさつきさんに聞いてきます。その都度「手続き集に書いてあるから、まず、自分で対処してみてね」と返すのですが、そうすると彼らのムッとしたような顔に必ず出会わなくてはならないのです。さつきさんはトホホな気持ちになりながらも、まあ私も先輩が何ですぐにその場で教えてくれないのかって感じたこともあったからな……と、二人がプロ意識を持ってくれるのをじっと待っていました。

ところが彼らが処理したものをチェックすると、信じられないようなミスを発見して最初からさつきさんがやり直さなくてはならなくなることもありました。そういう時には「ここ、間違ってたから今度から気をつけてね」と、丁寧にやり方を指導しました。しかし、あまりにミスが続くので「もっと一つ一つの仕事を注意深くして」と言ったところ、「教えて欲しいときに教えてもらえないから、覚えられませんしできません!」という言葉が返ってきたのです。もう一人も、そうだそうだという顔でこちらをにらんできています。

手取り足取り教えてくれるのが当然なのに、それをしてくれないほうが悪いという態度にさつきさんはショックを受けました。そして久しぶりに先輩に連絡して、話を聞いてもらったのです。実のところ先輩も、今、同じような壁にぶち当たっていました。今までの後輩にしてきたように、その人たちが独り立ちできるように丁寧に育てているつもりなのに、年々、その気持ちが伝わりにくくなっていると言うのです。自分で試行錯誤してみて初めて仕事が身につく部分もあるのに、その試行錯誤に耐えられない人が増えてきてるのかも……と先輩とともにため息をつきました。

自分のしんどさを先輩にわかってもらえたことでさつきさんは少し気持ちの余裕ができて、いろいろと考えることができるようになりました。さつきさんは自分だって新入社員のときに苦労して成長したんだから、今の人たちだって同じはず……という気持ちの押しつけをしていたのかもしれないとふと思いました。自分と、今、目の前にいる新入社員は同じ感じ方をするとは限らないんだよなと、ふっと力が抜けました。乗り越えてしまうとすべて良い思い出のようになっているけれど、けっこうあの頃はきつかったよなと、ちょっとビターな思い出もよみがえってきたのです。そう考えると、新入社員の人たちの気持ちに少しだけ近づくことができました。

人を育てることの難しさに向かい合ったところから、仕事は一段階、違うステージに進んでいきます。さつきさんは、自分の過去と比べることなく、まっさらな気持ちでもう一度、新入社員の人たちと向かい合ってみようと思いました。

（岩宮恵子）

52 もうひとりの「私」

仕事をしていると、その経験年数によっていろいろと違うものが見えてきます。今回は、就職して三年目のみつはさんの悩みを一緒に考えてみましょう。

彼女は、仕事の全体像が見えてくるに従って、自分の仕事が流れのなかでどういう意味を持っているものなのかを考えながら仕事をするようになってきていました。ただ与えられたことをこなすのではなく、しっかりと考えることができるようになってきたのです。そのような意識で仕事をし始めたら、今、自分が何をするべきなのかということがはっきりと見えるようになり、上司の評価も高くなってきました。ところが仕事が面白くなる一方で、今まで仲のよかった先輩のうち数人が、妙に丁寧な言葉使いでみつはさんに接するようになり、なぜか距離のある雰囲気になってきたのです。

やがて休憩室にみつはさんが入っていくと急に話が止まったり、あからさまに部屋から出ていく人もありました。仕事の手ほどきをしてくれたのもその先輩たちで、みつはさんが仕事を覚えていくプロセスに丁寧に付き合ってくれていたはずなのに、どうしてこんなことになってしまったのかわけがわかりませんでした。

「私には仕事を認めてくれる上司がいるからそれでいい。職場は仕事をするところで、友だちごっこをするところじゃないし」と考えてみつはさんは何とかこの状況を気にしないように努力しました。でもどうしようもない怒りが湧くこともあれば、こらえきれない虚しさと孤独に、いっそ仕事を辞めようかと思うほど苦しくなることもあるのです。

どうしてこのようなことが起こってきたのでしょう。

「仕事をする」ということのなかには、仕事がしやすいように周囲の人間関係にも目を配るということも入ってきます。これがうまくいっていないと、耐えられない苦しみとして襲ってくるのです。

仕事に対しての壁や疲れが見え始めた先輩たちにとっては、やる気満々で後ろからせっついてくる存在としてみつはさんのことが感じられていた可能性もあります。みつはさんは先輩たちに、上司にほめられたことや成績が上がったことなどを無邪気に報告したりと、テンション高く、先輩たちに接していたことに思い至りました。それは先輩たちにとってあまり愉快なことではなかったのだろうとみつはさんはモニターするようになったのです。先輩だから、できたことをほめてくれるに違いないという、無邪気な後輩ポジションではいられなくなっていたんだ……ということをこの一連の出来事で強烈に感じたのです。

職場の人間関係はもちろん重要です。でもだからといって、先輩にどう思われるかということばかりが気になり、人間関係のモニターに全力を挙げすぎて仕事がおろそかになってしまうと本末転倒です。仕事の自信のなさを人間関係の親密度で埋めようとしている人も少なからずいますが、それでは結局のところ、その関係に大きく左右されるので、余計にストレスがたまってしまいます。

では、みつはさんに対して、どうして先輩たちの態度が変わってしまったのかを別の視点からも考えてみましょう。

人は、自分とあまり関係のないことには基本的に無関心です。特に理不尽なことをされているわけでもないのに、ことさらに感情をかき乱されたとしたら、それはその人に対して無関心ではいられないということです。人は、自分のなかに潜む「もうひとりの私」を感じさせる人と出会ったとき、ものすごく惹かれるか、ものすごく嫌悪するかの極端な反応をしてしまうことがあるのです。

みつはさんに距離を取り始めた先輩たちは、「このままではいけない。何とかしなくては」と感じていた可能性があります。仕事に対してしっかりと取り組んでいるという自信があるか、逆に、適当に仕事してお給料をもらえたらそれが楽でいいと考えていたとしたら、みつはさんに対して「がんばってるなあ」と思うことはあっても、それほど心乱されることはありません。「努力して成果を出しているもうひとりの私」としてのみつはさんを見るたびに、先輩たちは、何とも言えない焦りを感じたのでしょう。それをきっかけに努力ができればいいのですが、「もっとしっかりしなくちゃと思っているのに、それに見合う努力をしていない自分」をもてあましたときに、みつはさんを排除したくなるのです。自分のなかの心の葛藤に向かい合うよりも、葛藤を呼び起こす人を排除したほうがずっと楽ですから……。

みつはさんのように、どんなに仕事が好きでも、思わず辞めたいという考えがよぎるほど、このような人間関係のストレスは重いものです。でも、もしみつはさんが仕事に疲れて壁にぶつかった数年後の「もうひとりの私」を先輩たちのなかに見る想像力を持つことができたなら、それが人間関係での盲点を無くすということにつながります。そうなったときに初めて、人間関係は微妙に変化を見せ始めるのです。

（岩宮恵子）

老い・死・終

53 自分の「弱さ」を自覚する意味

近頃、人の失敗をあげつらって、徹底的に糾弾する人たちをネットやメディアで見ませんか？　自分と異なる人のことをやたらと攻撃する人たちを見たりしませんか？（「いや、そんなことないよ。このエッセイが書かれた頃って、そんな時代だったんだ」と驚く近未来の読者がいることを願いつつ……。）

各国の政治家の多くは、「経済成長」という言葉で自国の発展を声高に訴えます。一方、経済学者のなかには、「これからの時代、経済成長は望めなくなる」ということを主張する人もいます。素人目にも、人口減少社会は世界的な局面だし、その先頭を走る日本は今世紀末には人口が五千万人程度に縮小することが予想されているなかで、経済成長一辺倒で物事を考え続けるのにはムリがあるんじゃないかと思えます。

そんななか、これも各国の政治家のなかに「自分達ファースト」を唱える人が増えているように見えます。「自分たちの国だけ一番ならそれでいい。同じ民族だけ豊かになって何が悪い。俺と同じ考えのやつだけ養ってやる」。こんなことを言う人がいても不思議ではありません。だって、人はいろんな価値観を持っているから。問題なのは、その「自分達ファースト」を訴える人たちが強い権力を持ってしまうことです。

経済成長がこれまでのように望めない社会になりつつあるということは、今までみんなが群がっていたパイが、実はすでにみんなで群がれないほど小さくなり始めているということです。そんなときに、自分達ファーストを訴える人たちが権力を手にしてしまうと、そのなかに入らなければ生き残れないというメッセージを、同じコミュニティにいる人たちは受け取ることになる。僕たちは、強い生存欲求を持っているので、生き残るためにそこに集まろうとするでしょう。でも、パイは小さくなっているのに、みんなが一同に群がってしまうと……。そこには、「弱肉強食」とか「自己責任」といった価値観が支配するとても生きづらい世界が待っています。

そんなことにならないために、どうすればよいのでしょうか。僕たち人類は、群がれるパイが小さくなってきた時に、生き残るためにある方法を大昔から採用してきました。それは、「多様性を発揮する」ということ。屋外が好きな人もいれば、屋内が好きな人もいる。都会に憧れる人もいれば、田舎に心躍る人もいる。そんなふうに、一カ所に固まらないようにすることで、それぞれが生き残る道を作り出してきました。考えてみると、アフリカ大陸から始まった人類が、今こうして世界各地に広がりいろんな人種にわかれたのも、多様性を発揮してうまく生き残ってきた証でもあります。

今の時代、多様性が大事だと言われる理由の一つは、経済成長が困難な社会でみんなが幸せに暮らしていくためにも、多様性を守らなければならないという事情もあるのだろうと思うのです。コミュニティの中に多様性を内包するためのキーワードは、「寛容」です。金子みすゞの「みんな違ってみんないい」の心の状態です。ところが、難しいのはその多様性を認めようとしない心理が、僕たち人間の心に大なり小なりあることです。

最近、気になることの一つに、社会的立場のある人が、高齢者や障がい者、難病者などの権利を損ねる発言をし、そのことで何らペナルティを課されずにすむことがあります。これは、そうした意見に同調する人が少なからずいることを物語っています。みんなで群がれるパイが小さくなってくると、少しでも自分の食い扶持《ぶち》を守るために、弱いものを蹴落とそうという心理が僕たち人間には無いわけではありません。

でも、その「弱いもの」は自分とは縁遠い存在なのでしょうか。僕はそうではないだろうと考えています。たとえば、「弱者」として語られる高齢者や障がい者、難病者とは、いつか訪れる自分でもあるのです。運よく長生きすれば、いずれ僕たちも寝たきりになったり認知症を患ったりすることになる。僕の母親は、難病による障がいを抱えています。母親は、難病や障がいは決して縁遠い話ではなく、明日誰にも起こり得ることを、身をもって教えてくれました。そう考えると、高齢者や障がい者、難病者を支えるという行為は、いつか訪れる自分を支えるということでもあるのです。誰もが一度は聞いたことがある「年寄り笑うな、いつか行く道」という俚諺《りげん》は、そのことを僕たちに気づかせてくれているのではないでしょうか。

もしあなたが、自分の弱さを自覚していて、そこに劣等感を持っていたり、生きづらさを感じていたりするなら、そうした気持ちを抱えながらも、弱さを自覚できるご自分の強さを喜んでほしいのです。怒られるかもしれませんが、どうかその弱さを大切にしてほしいのです。弱さを自覚していると、自分の価値観をもって相手の失敗を頭ごなしに糾弾する気にはなれないと思うのです。うかつに自分達ファーストを唱えることができないと思うのです。自分のなかの弱さを自覚できるからこそ、他人の弱さを見てそこに自分を重ねることができるのです。

多様性を支える「寛容」のチカラとなるもの。それこそが、自分のもつ「弱さ」の自覚です。ちなみに、人間は誰もが弱さを抱えているので、多様性を認め、互いに支え合うことのできる社会を作り出すチカラを、僕たちは潜在的に持っているのです。そう考えると、誰もが弱さを持っているというのは、実は計り知れない贈り物であることがわかりますね。

（竹田伸也）

54 「人生の後半」という豊かさ

「人生の後半って？」

若い人には、「人生の後半」なんて理解できないかもしれません。自分が齢を取ることなんて。女子大学生から「二〇歳でもうおばさん」と聞いたこともあります。それだけ、年齢をとるのは受け入れがたいもの。若い頃は、目の前のやるべき課題をこなすように、他の人と同じように、他の人に取り残されないように、よい勉強や業績、仕事を得るために将来に向けてがんばる。みんな、がんばっている。

自分の希望に向けた坂道をただただ登る。がんばっていると、とても素敵に感じる。幸せを感じる。前に進んでいる感覚、充実している。

明日は見えないけれど、明日に向かって、日々をがんばります。時に、失敗することも、立ち止まることもあります。心も体も発達する、成長する。そして、美しくなる。つぼみが華やかに咲くように。

「人生の前半」は、そのような瑞々しいイメージでしょうか？

「人生の後半」は、若い人には想像がつかない時期かもしれません。四〇代、五〇代、六〇代にどのように生きているのでしょう？　ましてや、八〇代をどう生きるのでしょう。想像さえつきません。想像したくないと言った方が正しいかもしれません。

人生の後半は、喪失の坂道を下ります。運動神経やスピードも遅くなります。そう考えると、百年という一生の後半もまた、大変なのです。「下り」の大変さがあります。山を登るのも大変だけど、下るのも大変なのです。それに、下り方は人によってさまざまです。ゆっくりと下る人、一気に駆け下りる人。迷子になって下る人。中には下ろうとしない人も……。

長生きすると、病気を避けることはできません。何かの拍子に事故に会うかもしれません。仕事を辞めざるを得ないかもしれません。離婚があるかもしれません。不安はつきませんね。

人生が長くなった分、私たちは、長い未来への不安という悩みを背負ったのです。長寿は私たちに幸せのみをもたらしたわけではなさそうです。

人生が長くなり、多様な生き方が認められ、グローバル化によって、海外とも近くなりました。例えば、結婚はしてもよい、しなくてもよい。日本で生活するもよし、海外に移住するのもよし。

選択が増えれば増えるほど、「選択できる」という悩みを持ちました。もしこの選択が間違っていたらどうしよう。否、間違った選択をしてしまったのではないのか。例えば、この結婚は間違いであったのではないか？

私たちは、一つの選択をするならば、他の沢山の選択肢を「諦め」ないといけないのです。実のところ、私たちは、おびただしい「諦め」の波の中で生きているのです。

そして、それらを「諦め」て「受け入れる」ことがとても難しい。

「ああだったら、こうだったら」と、後悔と不満の繰り返しに、苛まれます。

日本は、世界の中で、最も早く、超高齢社会を迎えました。高齢化は、日本経済にとって困った問題として毎日のニュースで取り上げられています。しかし、高齢化のもう一つの面があります。

皆さんの近くに、元気な高齢者がいらっしゃいませんか？　八〇を超えて、にこにこと笑いながら元気にやってらっしゃる。人生を生き抜いてきたおじいちゃんやおばあちゃんの逞しさに、勇気づけられることはありませんか。

人生の後半は、「喪失の時代」です。「何かを得ること」を重ねた人生の前半にすれば、「失うこと」は、「恐怖」以外でありません。知らぬ間に老眼や白髪が忍び寄り、老化がじわじわと迫ってくる。鏡を見れば、顔の細かなしわに驚く。死への一歩を感じる。

職場では、中間管理職になり、上司と部下の間で四苦八苦する。疲れ果てて自宅に帰っても寝るだけになっていたりする。子どもたちは、一人一人巣立っていく。

「喪失」は、得ることとは逆の価値観です。失うことは、自分が得てきたことを捨てていく。でも、それでも、元気に毎日を声高く、好奇心いっぱいに、ユーモアたっぷりに生きている高齢者たちがいます。「年寄り」といって、その人たちを見ないようにするのは余りにもったいない。私たちが恐れている喪失を生き抜いているのだから。

でも、皆さんの身近にいるおじいちゃんやおばあちゃんたちは、笑いながらこう言ってのけるのです。

「この病いと、（自然に）死を迎えることとどちらが早いか競争だよ」「もう、半分、棺桶に片足はいっているがのお」「来月は生きとるか死んどるかわからん」「あんたも歳やから、ゆっくりせないかんよ」などなど。人生を登ることと下ること、長い人生を生き抜いてきた温かさと強さがそこにはある。〝死を超えた生〟を生きる逞しさがあります。それは、生きた知恵者と言えます。

もしかしたら、超高齢社会は、知恵に満ちた社会かもしれません。その知恵を、受け止めることができるのか、子どもたちに伝えることができるのかにかかっているのではないでしょうか。

人生の初期で身体が育ち、成人して、働き、子育てをして、そして中年期以降、下り始める。人によって下り方はさまざまです。下り方には個性があります。個性的な社会にもなるとも思います。人生初期と同じような発達ではないのです。

人生後半は、「喪失する」「死に向かうこと」による心の発達があるように思います。人生を生き抜いた知恵があります。人は、年を取りながら、いろいろなものを失っていく。しかし、喪失することで、いろいろなことを知る、豊かになる。喪失を嘆くだけではなく、喪失を受け入れる強さや逞しさが芽生えるのです。明日にも死ぬかもしれない自分が生かされていることへの感謝の念が生まれます。日々を大切に生きようと思うと、本当に何を大切にするのかが見えてくる。

人は、いろいろなものを失いながら、質的に発達しつづけて、最後に、身の丈のその人自身になるのではないかと、私は思うのです。

皆さんなら、その瞬間に、どのように思いたいですか？

（竹森元彦）

55 日々の中で祈ること

最近、祈ることについて考えることがあります。

「祈る」ことは、現代の私たちにとって、縁遠いものではないでしょうか。

日々は忙しく過ぎます。一日をどのように効率的に、計画的に、合理的に、そしてどうしたら経済的に無駄のないように過ごせるのか。これをやって、あれをやって、そしてこれをする。計画通り進まないと、仕事や日常生活においても支障がでてしまいます。買い物は、スマートフォンで日本中から探したよりよい一点を、ボタン一つで購入することが増えました。日本全国から出品された品が、ウェブサイトに並びます。

私たちの日常では、「祈る」ことなくとも、何でも手に入ります。一〇〇円ショップには、日常に必要なものが並び、安く購入できます。必要なくなれば捨てればよい。それでは、なぜ、人は祈るのか？　祈ってきたのか？　それは、未来が見えないからでしょう。未来は、誰も予測できない。だから、ただ祈るしかないわけです。祈りは、ある結果を目的としたものではなく、祈りであることそのものが大切です。

カウンセリングに訪れる人は、挫折を経験して、絶望的になっていらっしゃいます。未来が見えない状態にあります。

自分で自分の気持ちがわからない。その暗雲たちこめる自分の気持ちを語るために、カウンセリンググループの扉をたたきます。混乱を、混乱したままに語らないと、その混乱に自らが翻弄されるのです。話す中で、少し整理ができれば、自分の気持ちを理解できます。自分の感じ方を理解できたら、それへの対応もできるのです。ところが、不安や焦りが勝り、混乱から抜け出せない。

誰でも、不安定な時、その混乱だけを取り除きたいと切に願いますが、心の中からその不安だけを削除できるわけではありません。それは、次第に、その荒れがおさまるのを待つしかないのです。心の荒れは、どんなに激しくとも、次第に静けさを増し、あれほど暗かった雲の中から、日差しが真っ直ぐに差し込んできます。その心のもつ力に委ねることが大切です。その力が、自然の一部である人の心の力なのでしょう。自然の様相と、心の移り変わりは似ています。晴れるときも、雨の時も、嵐の時もある。嵐も、静かに待っていると、おさまってくる。嵐は、過ぎ去っていく。

誰も、明日が分かるわけではありません。

買い物をして、明日、それが配達されることは予想できる。でも、その人の将来の出来事を予想できるわけではないのです。病気や事故、けがやトラブルなど、本当は、何が起こるかわからないのが未来ではないでしょうか。私たちは、まるで、未来を読めるかのように思って安心します。

その結果、私たちの日常から、「祈り」はほとんどなくなりました。その昔、原始のころ、狩りで動物を食料として捕獲していた時、稲を育ててその豊かな実りを喜びながら、これからも幸あれと感謝を込めて、祈ったのです。

内的世界への気づき

慢性的ストレス

哲学的対応

「祈り」には、こうなってほしいという願いと共に、これまで生かされてきたことへの感謝の念があります。願い通りになる、確約されているということとは異なります。期待通りになるかもしれないし、ならないかもしれない。今生かされてきた自分の事実に感謝をしながら、未来に願うのです。未来は、どうなるのか実のところ不確定です。この事実を、私たちは忘れがちです。そして、何でも計算できるような、ボタン一つで何でも得られるような幻想にとらわれがちです。

雲が流れるように、天候が刻々と変わるように、海が波打つように、月の満ち欠けが繰り返されるように、その自然の大いなる流れに身を任せて、自分たちもまた自然の一部であることを感謝したときに、祈りが生まれます。

そのような「祈り」がある人生と、「祈り」がない人生ではどちらが豊かでしょうか？

自然を畏怖し、自然の実りを大切に感じ、自然と共に生きる。自分が生まれてきたこと、生かされている事実に感謝するような、「祈り」。「祈り」には、その人の願いがあります。その願いは欲望ではありません。その人の想いや生きようとする意志を織り込んでいます。

「祈り」には、感謝と共に今の自分の身の丈を受け入れる強さと、未来を作り出すための言魂（設計図）があるように思えてなりません。

原始であっても、現代であっても、自分の身の丈を知り、自然と身近な人々に感謝できるような「祈り」のある豊かな人生を送りたいものです。

（竹森元彦）

執筆者一覧（順不同）
竹田伸也（たけだしんや）：鳥取大学大学院医学系研究科臨床心理学専攻准教授
岩宮恵子（いわみやけいこ）：島根大学人間科学部心理学コース教授
金子周平（かねこしゅうへい）：九州大学教育学部准教授
竹森元彦（たけもりもとひこ）：香川大学大学院医学系研究科臨床心理学専攻教授
久持　修（ひさもちおさむ）：やまき心理臨床オフィス 代表
進藤貴子（しんどうたかこ）：川崎医療福祉大学医療福祉学部臨床心理学科教授

こころを晴《は》らす55のヒント

——臨床心理学者が考える 悩みの解消・ストレス対処・気分転換

2020年8月1日　初刷

著　者　竹田伸也《たけだしんや》・岩宮恵子《いわみやけいこ》・金子周平《かねこしゅうへい》
竹森元彦《たけもりもとひこ》・久持《ひさもち》　修《おさむ》・進藤貴子《しんどうたかこ》

発行人　山内俊介

発行所　遠見書房

〒181-0002 東京都三鷹市牟礼6-24-12
三鷹ナショナルコート004
TEL 0422-26-6711　FAX 050-3488-3894
tomi@tomishobo.com　http://tomishobo.com
郵便振替　00120-4-585728

印刷・製本　モリモト印刷

ISBN978-4-86616-108-2　C0011